FILOSOFIA CLÍNICA E HUMANISMO

JOSÉ MAURÍCIO DE CARVALHO

FILOSOFIA CLÍNICA E HUMANISMO

DIRETOR EDITORIAL:
Marcelo C. Araújo

EDITOR:
Edvaldo Manoel de Araújo

COORDENAÇÃO EDITORIAL:
Ana Lúcia de Castro Leite

REVISÃO:
Lessandra Muniz de Carvalho

DIAGRAMAÇÃO:
Junior Santos

CAPA:
Fernanda Barros Palma da Rosa

COPIDESQUE:
Paola Goussain Macahiba

© Editora Idéias & Letras, 2012

Editora Idéias & Letras
Rua Pe. Claro Monteiro, 342 – Centro
12570-000 Aparecida-SP
Tel. (12) 3104-2000 – Fax (12) 3104-2036
Televendas: 0800 16 00 04
vendas@ideiaseletras.com.br
http//www.ideiaseletras.com.br

Dados Internacionais de Catalogação na Publicação (CIP)
(Câmara Brasileira do Livro, SP, Brasil)

Carvalho, José Maurício de

Filosofia clínica e humanismo/ José Maurício de Carvalho. - Aparecida, SP: Idéias & Letras, 2012.

ISBN 978-85-7695-141-1

1. Fenomenologia 2. Filosofia 3. Humanismo 4. Liberdade I. Título.

12-00936   CDD-144

Índices para catálogo sistemático:
1. Filosofia clínica e humanismo 144

SUMÁRIO

Prefácio 7

Introdução 9

I. Filosofia Clínica e Humanismo 17

II. Espacialidade, o lugar do homem 35

III. Temporalidade, o homem como projeto 51

IV. Singularidade existencial e Filosofia Clínica 83

Anexo – Entrevista concedida à Assessoria Virtual
do Instituto Packter 161

PREFÁCIO

José Maurício de Carvalho é um estudioso, um filósofo, um homem cujos textos costumam abrir horizontes, discussões. Seus escritos são cuidadosamente lidos, comentados por colegas e alunos e são parte do acervo da Filosofia Clínica.

Nesta obra, temos um aprofundamento em torno do Humanismo. Ele aproxima o entendimento da filósofa Dayde Packter Zavarize, que propôs a Filosofia Clínica como humanista, ao entendimento que Karl Jaspers tem do Humanismo. José Maurício de Carvalho, então, desce às características deste Humanismo. Uma de suas conclusões é que "o aspecto fundamental do Humanismo presente na Filosofia Clínica é o reconhecimento da *singularidade existencial e liberdade* do homem. Uma subjetividade que se faz com suas escolhas, um ser que é o que se faz. A singularidade existencial nos impede de tratar a pessoa como coisa quando ela está no exercício de sua liberdade. Esta pessoa vive conflitos ou choques íntimos por conta das escolhas que faz ao longo da vida. Para a Filosofia Clínica, através das categorias, ela se localiza no mundo e o percebe do seu jeito.

Depois, no capítulo 2, ele faz uma investigação sobre a localização existencial, Espacialidade. O autor amplia o leque da discussão, convida a um questionamento sob o enfoque fenomenológico e, de maneira corajosa, descortina as possibilidades que surgem no caminho, como a aproximação com a escola alemã da forma.

No capítulo seguinte, temos a dialética em torno do tempo. Tema de difícil trato, pois é inevitável o caminho rumo à história, à historicidade.

Ao ler o livro de José Maurício de Carvalho, uma questão surge a cada instante e torna o capítulo 4 uma consequência: singularidade existencial. O filósofo então explica: "uma das referências mais importantes que nos legou a escola fenomenológica é o reconhecimento da configuração única da subjetividade humana. Isto significa que cada homem percebe o mundo de um jeito próprio, ainda que possa construir uma estratégia para compartilhar com outros seu entendimento da realidade. Um dos aspectos mais importantes da fenomenologia é mostrar que vemos o mundo numa perspectiva própria e que as criações conjuntas são obras intersubjetivas que atendem a determinadas regras existentes na cultura".

Na segunda parte do livro, encontramos uma entrevista afinada com toda a primeira parte do livro. O significado humanista da técnica é uma questão muito importante e que fornece uma explicação de um aspecto fundamental da Filosofia Clínica.

José Maurício de Carvalho mostra forte posicionamento dentro da Filosofia Clínica, carrega sobre ela um cunho fenomenológico atuante, firme. Com coragem, pesquisa, honestidade, o filósofo fornece importante contribuição a esta área do conhecimento.

Lúcio Packter
Filósofo Clínico

INTRODUÇÃO

O livro *Filosofia Clínica e Humanismo* possui duas partes distintas. A primeira consiste no desenvolvimento de conferências e estudos apresentados em encontros nacionais e mineiros de Filosofia Clínica. Estes trabalhos formam os quatro capítulos da obra. A segunda parte traz uma entrevista concedida à Assessoria Virtual do Instituto Packter. Organizado desta forma, interessa tanto aos especialistas quanto a quem busca um primeiro contato com a Filosofia Clínica.

Desde a publicação de nosso livro *Filosofia Clínica – estudos de fundamentação*, explicamos que Filosofia Clínica é uma técnica de ajuda pessoal e não propriamente uma investigação filosófica no sentido clássico. No entanto, das técnicas de ajuda pessoal, é aquela que guarda maior aproximação com a tradição filosófica. É por conta desta abertura com a tradição filosófica que a técnica adquiriu este nome. Note-se que não estamos falando do esclarecimento pessoal e de posições mais conscientes que o estudo da Filosofia clássica fornece, mas de uma técnica que propicia a superação dos choques existentes na estrutura de pensamento da pessoa.

O primeiro capítulo dá título ao livro. Ele discute a afirmação de Dayde Packter Zavarize proposta no prefácio do livro *Filosofia Clínica, a filosofia no hospital e no consultório*, de Lúcio Packter. Para ela, a Filosofia Clínica é humanista porque respeita o sofrimento e o mundo singular das pessoas. A afirmação demanda uma reflexão capaz de comprovar se a Filosofia Clínica é humanista e em que sentido o é.

FILOSOFIA CLÍNICA E HUMANISMO

Esta é uma questão fundamental em nosso tempo. Tornou-se lugar comum falar da singularidade humana como forma de sugerir novos caminhos para a existência. As múltiplas atrações que o espaço social oferece hoje em dia não apenas tornam a vida mais cheia de oportunidades e bens, mas também afastam-nos de nossas necessidades mais íntimas, levando-nos a esquecer de nós mesmos, a desconsiderar nossa vocação, a não levar adiante nosso projeto vital. Neste caso, o mundo em que vivemos parece um invasor que entra em nossa casa e em nossa intimidade com promessas de felicidade nunca cumpridas. Ao desconsiderar o que somos, entramos em projetos alheios. É que somos sujeitos de encontro com as coisas e com outros homens, somos influenciados por esta situação, mas somos únicos e temos limitações muito particulares. Somos também bombardeados pelos apelos do prazer imediato e inconsequente, o que nos coloca no centro da crise do aquecimento planetário. O gozo imediato e inconsequente dos bens do planeta está afetando drasticamente o equilíbrio natural e colocando em risco as futuras gerações.

Outro aspecto da desumanização hodierna e que brota da ilusão do gozo ilimitado é o crescimento da violência em diferentes formas. Desatentos ao que representa tomar a pessoa como valor, educamos crianças e jovens sem limites, fornecendo-lhes a ilusão do gozo irresponsável e sem consequência. Além de se verem com as dificuldades do clima, estes jovens de hoje desenvolvem um comportamento pouco social, que pode chegar à perversão. O resultado é o crescimento e banalização da violência no trânsito, nas ruas, nas famílias, nas escolas, em todo lugar. É inocência deixar de impor limites aos instintos, queixando-se do aumento da

INTRODUÇÃO

violência e da criminalidade que são sua consequência. É incrível a pouca atenção dada à formação moral das pessoas e à crítica posterior do resultado na vida social. Qual o resultado de tudo isto? O esquecimento de si, a dificuldade de limitar as frustrações, a violência praticada e sentida, a falta de estrutura para suportar as dores da alma, o isolamento afetivo, tudo contribui para acelerar a miséria existencial e diminuir a dignidade da vida humana. Superar ambas as coisas e recuperar a dignidade são o essencial de qualquer proposta humanista contemporânea. Toda teoria que coloque na pauta das discussões o respeito ao outro e a seu mundo, que veicule carinho, atenção ao sofrimento alheio, uma relação cooperativa e adensamento da existência singular merece ser levada a sério. A Filosofia Clínica, como técnica e por seus pressupostos teóricos, parece mesmo ser humanista. Vamos procurar indicar as razões disto nos capítulos do livro, notadamente no primeiro.

Os dois capítulos seguintes explicitam a forma como a Filosofia Clínica lida com o espaço e o tempo. A questão da espacialidade aparece de forma explícita no tópico 14 da Estrutura de Pensamento (EP), e a temporalidade, entendida como um ir em direção ao futuro, explicita-se no tópico 11 (busca). Ambos os assuntos aparecem em outros tópicos da malha intelectiva, nas categorias e submodos, que são partes da técnica. Espaço e tempo são dois assuntos fundamentais, porque trazem para a clínica o entendimento de que o homem é um ser histórico. Eles são também os eixos da filosofia fenomenológica, da forma como os fenomenólogos descrevem a existência humana.

Um resumo da técnica da Filosofia Clínica integra o quarto capítulo. O detalhamento da técnica fornece aos que

11

buscam um primeiro contato uma visão de conjunto, para os especialistas ajuda a mostrar o vínculo que ela mantém com a escola fenomenológica. O fundamental do capítulo é o entendimento de que a clínica filosófica comprova uma questão básica da fenomenologia existencial: a vida de cada homem é um mundo singular.

O que confere nexo aos quatro capítulos é a fenomenologia, que tomada como método e como filosofia oferece os elementos estruturais à técnica. Esta é uma hipótese fundamental que completa a argumentação desenvolvida em nossos livros *Filosofia Clínica – estudos de fundamentação* e *Estudos de Filosofia Clínica – uma abordagem fenomenológica*, publicados nos últimos anos.

O que é a fenomenologia? É um método de investigação que passou a ser usado como alternativa aos procedimentos experimentais empregados nas ciências da natureza. O desenvolvimento das chamadas ciências humanas obrigou os filósofos a reverem a questão dos métodos que validavam os procedimentos científicos e a retomarem a questão da verdade científica. Edmund Husserl contribuiu essencialmente para tais estudos, como o perceberam vários cientistas. No caso dos estudos psicológicos, a fenomenologia foi tida como fundamental. Psicólogos, psiquiatras e filósofos entenderam que o método criado por Edmund Husserl permitia estruturar uma base conceitual sólida, capaz de servir de fundamento para as ciências humanas. Os estudos de psicologia humana precisavam deste fundamento. Um dos mais notáveis psiquiatras que se valeu da fenomenologia foi Karl Jaspers, mas ele não foi o único. O movimento da Gestalt na Alemanha usou a fenomenologia como método de investigação. No Brasil, Nilton Campos, que era diretor

INTRODUÇÃO

do Instituto de Psicologia da antiga Universidade do Brasil (atual UFRJ), popularizou em livro a ideia do método fenomenológico na psicologia. Aquiles Cortes Guimarães estudou o movimento que marcou os estudos psiquiátricos no último século no livro *Momentos do pensamento luso-brasileiro*. O movimento foi integrado por médicos e psicólogos de renome, entre os quais lembramos Antonio Gomes Pena, Eustáquio Portela, Élson Arruda, Nelson Pires e Isaias Paim. O trabalho destes especialistas afastou a fenomenologia de suas básicas questões filosóficas.

Quanto ao vínculo entre a fenomenologia e a atividade científica é fundamental a reflexão de Creusa Capalbo, que retomou o tema do fundamento, mostrando a importância da meditação filosófica para clareá-lo. Ela também indicou a eficácia do método fenomenológico na estruturação das ciências humanas. Creusa Capalbo lembra que Edmund Husserl espera falar do homem situado na vida.

O mundo da vida elaborado por Husserl é um saber pré-reflexivo que só se completa com um outro derivado de reflexão feita sobre ele. O método criado por Husserl permite ligar a experiência vivida com a reflexão sobre o conhecimento. Como método representa uma crítica do conhecimento à teoria geral da essência e aborda o saber que será obtido pela evidência intelectual. A questão é que quem conhece incorpora algo que não é imanente ao ato cognitivo e é preciso entender como isto se processa. Husserl espera encontrar na evidência imediata o que chega e aparece no ego transcendental. Este processo, ele denomina essência. A consciência que vai ser examinada mostra um duplo movimento, ela vai até o mundo e volta a si. O método fenomenológico permite compreender a intuição da consciência, isto é, estudar o que se mostra a ela.

Uma descoberta fundamental da fenomenologia é que a intuição não é vazia, a consciência é preenchida de objetos. A intencionalidade da consciência é o movimento para algo que emerge nela e nela adquire significado. Na primeira das *Investigações lógicas*, Edmund Husserl trata a intencionalidade como o ato de significar. Na quinta, ele retoma o assunto, distinguindo o conteúdo vivido e o objeto representado que surge sobre ele. É no seio deste mundo da vida que as coisas ganham objetividade. A consciência é intencional, porque o objeto aparece diante do sujeito. Descrevê-lo é um dos propósitos da fenomenologia. Chegamos assim a uma das considerações mais típicas da fenomenologia: toda consciência é de algo – isto significa que não há objeto sem sujeito, nem há sujeito sem objeto. Aspecto fundamental desta conclusão de Husserl é que a intuição é um ato que ocorre na consciência e é ela que lhe atribui uma unidade de sentido. Isto significa que esta unidade não é uma ideia universal retirada da realidade ideal, como preconizou o platonismo, a mais característica teoria do realismo metafísico formulada na Antiga Grécia. Isto também nos mostra que o retorno às coisas mesmas, ao modo como elas aparecem na consciência, não representa um afastamento da perspectiva crítica inaugurada pelo kantismo. Quanto à objetividade, ela não vem dos esquemas da consciência, mas de leis que não são criadas no interior do esquema transcendental, ainda que necessite dele para surgir. A intuição significa também a consciência imediata que permite constatar uma evidência. Assim, ainda que realizado na consciência singular, o conteúdo possui valor universal, pois outros indivíduos poderão chegar à mesma intuição se se colocarem no plano do sujeito que a teve.

INTRODUÇÃO

É este aspecto da fenomenologia como método que assegura a estrutura interna da clínica filosófica organizada na coleta categorial, indicação dos tópicos marcantes e dos submodos a serem usados. O estudo de caso pode ser assim compartilhado. Por outro lado, ao perceber que a mudança de perspectiva ou de horizonte significa alteração de mundo, a fenomenologia abre espaço para reconhecer a singularidade existencial das pessoas. Como método, este reconhecimento é a porta de entrada do Humanismo, pois não reduz o sujeito à coisa ou ao que ele possui. Mesmo reconhecendo a singularidade das pessoas, a descrição fenomenológica é rigorosa e leva-nos a aspectos genéricos compartilháveis entre os especialistas.

Husserl considera que não podemos tratar o método fenomenológico afastando-o dos seus pressupostos, sendo seu emprego solidário à filosofia que o concebeu. No entanto, isto não significa que é impossível considerar conhecimentos obtidos com outros métodos. A clínica filosófica abre-se também para eles. O método estatístico é usado para validar certos parâmetros e o experimental empregado no conhecimento da natureza, ambos válidos para agregar informações. A Filosofia Clínica está aberta a tais métodos, mas, como elemento estruturante, é na fenomenologia que sua organização teórica se sustenta.

A segunda parte do livro traz uma entrevista concedida à Assessoria Virtual do Instituto Packter. Ela foi dada a partir do que foi proposto no livro *Introdução à Filosofia da Razão Vital de Ortega y Gasset*. Nela apresentamos a contribuição do filósofo espanhol para um aspecto fundamental da Filosofia Clínica, a saber: a relação do sujeito com o entorno. No raciovitalismo orteguiano, a situação em que o homem vive passa a ser olhada como elemento constitutivo de sua vida. Nela se procura mostrar também que o raciovitalismo não contradiz a fenomenologia, ao contrário, hoje os especialistas caminham para mostrar que Ortega y Gasset atuou como fenomenólogo, apesar das desconfianças que manifestou do método. Tomo em consideração a conferência *Ortega como fenomenólogo*, pronunciada por Javier San Martín Sala, no Colóquio realizado em Évora e cujas Atas saíram com o título *José Ortega y Gasset – leituras críticas, no cinquentenário da morte do autor*. Este trabalho esclarece de forma definitiva a relação entre a filosofia raciovitalista de Ortega y Gasset e a escola fenomenológica.

I – FILOSOFIA CLÍNICA E HUMANISMO

Considerações iniciais

O livro *Filosofia Clínica – a filosofia no hospital e no consultório*, de Lúcio Packter, vem precedido de um prefácio assinado por Dayde Packter Zavarize. No texto denominado "Palavras Iniciais", ela afirma que a Filosofia Clínica é um humanismo, e esta é uma questão fundamental pelas implicações que tem no trabalho clínico de quem estuda a técnica. Por que faz tal afirmação? Ela justifica a assertiva dizendo que a Filosofia Clínica é humanista, pois não rotula as pessoas com um estigma negativo. Outro motivo que ela aponta é que o filósofo clínico entende cada ser humano como um mundo singular que se faz com suas escolhas, respeitando-o por esta condição. Este respeito traduz o carinho que cada pessoa merece por se constituir em um mundo singular, por levar adiante os riscos de sua existência e se responsabilizar pelo que escolhe. Em suas palavras, o problema assim se expressa: "cada pessoa tem na clínica filosófica o seu modo de ser no mundo" (p. 7). Dayde Zavarize nos coloca, portanto, o problema de entender se a Filosofia Clínica é realmente humanista e, se for, de explicitar suas características.

Para tratar o assunto, vamos primeiramente indicar quais os sentidos mais comuns atribuídos ao Humanismo e, em seguida, discutir a hipótese levantada por Dayde Zavarize. Terminamos o capítulo com considerações finais a título de conclusão.

1. O Humanismo como problema

Em seu *Dicionário de Filosofia*, Nicola Abbagnano afirma que Humanismo tem usualmente dois significados distintos: "1. o movimento literário e filosófico que teve suas origens na Itália e na segunda metade do século XIV difundiu-se pela Europa (...) e 2. qualquer movimento filosófico que tenha como fundamento a matéria humana ou os limites e interesses do homem" (p. 493). O primeiro significado refere-se à redescoberta da cultura grego-romana durante o Renascimento, depois de muitos séculos de um ambiente cultural marcado pelos dogmas religiosos e poder da Igreja Romana. Neste sentido, Humanismo é o movimento historicamente situado entre os séculos XIV e XVII que foi caracterizado pelo florescimento das Artes, Literatura, Filosofia, Ciência moderna e aparecimento dos Estados Nacionais. Este movimento teve seguimento no Iluminismo do século XVIII, mas então com outros aspectos e implicações. O Iluminismo fala de um Humanismo centrado na capacidade da razão e ação, numa consciência que surge com o nascimento e que se desenvolve nos anos seguintes, mas sem se modificar substancialmente; a pessoa é a mesma sempre. Podemos falar de um Humanismo racionalista e individualista, um Humanismo que não considera que o fundamental da consciência é ser histórica, intencionada, mas, sobretudo, que a vida pessoal se faz nas relações e em circunstância.

O segundo significado destacado por Abbagnano diz ser humanista qualquer teoria que atribui ao homem algo de singular ou especial em relação aos demais seres. Em nosso tempo, muitas escolas de pensamento assim procedem. Assim, o

I – FILOSOFIA CLÍNICA E HUMANISMO

significado de Humanismo presente na Filosofia Clínica e mencionado por Dayde Zavarize só pode ser este último, ficando por se esclarecer, se a hipótese for aceitável, quais os limites e interesses singulares que a clínica filosófica reconhece. Embora a referência inicial deste Humanismo seja Protágoras, que Lúcio Packter lembra no início de seu livro *Filosofia Clínica – a Filosofia no hospital e no consultório*, só o é pela releitura contemporânea feita pela fenomenologia existencial através de autores como Karl Jaspers e Martin Heidegger, para os quais o homem é a origem e o limite do discurso sobre o problema da existência. Em um sentido próximo ao dos filósofos alemães mencionados, Jean Paul Sartre no ensaio *O existencialismo é um humanismo* aceitou, durante certo tempo, a qualificação de humanista para a filosofia da existência. No entanto, tanto quanto Jaspers, ele entendeu que é necessário explicar adequadamente o que se entende por Humanismo (cf. p. 24).

O segundo significado de Humanismo mencionado por Abbagnano acaba se aplicando, em nosso tempo, a diversas teorias que, em geral, confiam que o homem possa construir, por seus próprios meios, um sentido para sua vida. Trata-se de uma forma de pensar que coloca o homem no centro da reflexão. O Humanismo contemporâneo entende também que o homem se situa historicamente numa cultura, que é o maior valor entre os muitos que existem, entende que ele é capaz de criar normas morais válidas de convivência, que é livre para seguir ou não qualquer crença, que tem na ciência moderna o instrumento de conhecimento do mundo natural, que consegue combinar a procura de uma vida feliz com as exigências da sociedade em que vive. Como se vê, mesmo tomadas em conjunto, são referências muito gerais sobre a vida humana, mesmo que esteja delimitado que a singularidade existencial se desenvolve no âmbito da cultura, o que torna o assunto mais difícil de ser meditado.

Humanismo, na avaliação do filósofo e psiquiatra alemão Karl Jaspers, significa tratar "cada homem como uma infinitude. Nenhuma concepção científica pode abarcar-lhe em sua totalidade. O homem sempre é mais do que conhece" (p. 109), disse-o em *Renovación de la Universidad*. Este entendimento explicita-se, mais tarde, do seguinte modo (1987): "o homem é acessível a si próprio numa dupla mentalidade: enquanto objeto de investigação e enquanto existência de uma liberdade inacessível a qualquer estudo" (p. 59). Temos, nas palavras de Jaspers, um Humanismo de inspiração fenomenológica, a proposta de um homem que é único porque se faz assim. Entendido e estudado como objeto, preserva sempre um espaço de liberdade e não pode ser classificado por categorias científicas quando olhado em sua liberdade. O Humanismo concebido por Jaspers igualmente pensa nos limites do homem, nas exigências absolutas de sua vida, no respeito a suas crenças, na inserção no destino do grupo em que vive e em muito mais. Todos estes aspectos fazem parte de sua filosofia da existência. Este significado encontrado na filosofia de Jaspers está bem próximo do que Dayde Zavarize parece utilizar em seu comentário.

No filme *As invasões bárbaras*, o diretor Denys Arcand mostra como o Humanismo de inspiração fenomenológica e existencial é apresentado ao grande público. Qual é a história do filme? Ele conta a vida do Professor Rémy Girard, que em seu trabalho sempre esteve às voltas com diferentes ideologias, como o feminismo, o anticolonialismo e o maoísmo. Na velhice, o professor está com um câncer terminal. Apesar dos conflitos que teve com seu filho quando ele era jovem, es-

I – FILOSOFIA CLÍNICA E HUMANISMO

tabeleceu sólidas relações familiares. Na velhice de Rémy, ele e o filho se reconciliam. O filho, enriquecido com aplicações na bolsa de valores, oferece ao pai o conforto que o dinheiro pode comprar naquele momento difícil para ambos. À volta do professor, cria-se uma rede de conforto e solidariedade. Ele tem a sua volta vários cuidadores e a família, que o cercam de carinho. A vida de Rémy termina com uma injeção de heroína quando nada mais resta a fazer. O filme explora todas as relações entre Rémy e as pessoas a sua volta: filho, nora, enfermeira e sua mulher, retratando o mundo de uma pessoa diante do fim eminente. Os cuidados crescem quanto mais sua vida se arruína. O filme discute as relações de amizade, respeito, aceitação dos limites, atitudes que marcam os personagens. O filme também mostra como as pessoas entram no mundo do professor; discute a importância de respeitar o outro homem, em especial nas ocasiões em que ele sofre no enfrentamento de seus limites. Nestas horas de dor e sofrimento são importantes: o carinho e o esforço de todos. Há algo de humanista nestas atitudes, sugere o filme; o sofrimento de Rémy Girard aproximou as pessoas que estavam a sua volta.

O filme realça o valor do respeito ao homem que sofre. Sabemos que todos sofrem em algum momento, como avalia Karl Jaspers com seu conceito de situação limite. Para um ser que sofre é importante o carinho. O filósofo diz, no capítulo 2 de sua *Iniciação Filosófica*, que situações-limites são "aquelas que não podemos transpor nem alterar" (p. 19). O sofrimento e a morte estão entre elas. Jaspers nos adverte para a necessidade do carinho e atenção para com as pessoas que sofrem.

Este início de milênio é um tempo de mudanças políticas, acentuada violência urbana, terrorismo religioso, alterações nas relações familiares, agudas contradições, aceleradas transformações tecnológicas, dentre muitas outras mudanças profundas. Este tempo desconsidera os valores éticos e as relações pessoais, ficando unicamente no fato mesmo, tomando as pessoas por mercadorias que podem ser adquiridas ou descartadas. Neste tempo, dá-se pouca atenção aos interesses e dores típicas do homem. O filme de Denys Arcand chama atenção para o respeito ao indivíduo, como o fez Dayde Zavarize nas palavras de abertura do livro de Lúcio Packter. Eis como o filósofo português Delfim Santos refere-se a esta atitude de carinho e atenção diante do sofrimento, num tempo que dá pouca atenção aos limites do homem, em ensaio publicado em suas *Obras Completas*: "Neste sentimento de insegurança, que se tornou a atmosfera do homem de hoje, não deixa de ter interesse conhecer as forças invocadas e os apelos do homem na busca de qualquer coisa que o suspenda, o segure e o salve" (p. 497).

2. Características do Humanismo da Filosofia Clínica

Pelos motivos expostos no item anterior, entendemos que a hipótese de Dayde Zavarize é pertinente e que há um Humanismo na Filosofia Clínica. A hipótese se justifica porque a teoria atribui características específicas à condição humana que orientam a prática clínica. São estas características que aprofundaremos abaixo, pois elas integram a prática da Filosofia Clínica. Ela representa a abertura ao sentido transcendental da existência, à capacidade de simbolização, às emoções; em resumo, trata-se da rejeição de um pensamento que reduza o homem a um objeto descartável, como

I – FILOSOFIA CLÍNICA E HUMANISMO

se uma mercadoria fosse ou como se sua consciência pudesse ser submetida a uma classificação objetiva usada pela ciência para estudar os objetos da natureza.

Comecemos pelo reconhecimento de que cada pessoa é única porque está no mundo de modo diferente de todas as outras. A primeira característica deste Humanismo é que o homem é *singular*. E por que o é? Por que ele é livre, embora sua liberdade seja exercida numa circunstância. A vida como possibilidade aparece na clínica de modo específico. A Filosofia Clínica entende que a singularidade das pessoas nasce pela forma como ela se insere no mundo, pelo modo como organizou sua estrutura de pensamento e passou a lidar com seus problemas. Esta diferença entre as pessoas é percebida inicialmente nos exames categoriais, diz Lúcio Packter no livro que estamos examinando: "Através dos exames categoriais o filósofo saberá o idioma da pessoa, seus hábitos, sua época, a política e os dados sociais da localidade onde viveu, a geografia, o contexto religioso e histórico, entre outros aspectos que podem ter importância" (p. 22). Localização existencial é, pois, a aplicação clínica da grande descoberta fenomenológica: o homem é *uma subjetividade (ou individualidade) situada e em relação*, isto é, como resumimos em *O Homem e a Filosofia*: "o homem, concebido como existente, não se separa do mundo. Não é possível tratar o homem e o mundo, ou o velho problema da realidade, separando um do outro" (p. 16). A localização existencial é a forma da Filosofia Clínica de reconhecer que cada homem é uma subjetividade inserida em certo contexto, que ele é membro de uma cultura. Não se pode entender, na Filosofia Clínica, o que o homem é sem considerar a forma singular como ele se insere neste contexto. A primeira coisa que o filósofo clínico espera saber do partilhante que o procura é onde ele mora, que idioma fala, como é a situação histórica e social do país em que vive, como o indivíduo se insere nesta situação. O clínico faz isto através dos chamados exames categoriais, investigando, além do assunto que traz o partilhante ao consultório, o lugar em que ele vive, o tempo, suas relações e circunstâncias. A categoria *lugar* revela o que a pessoa pensa do ambiente onde está inserida. Através da categoria *tempo*, espera-se investigar como a pessoa vive a relação entre o tempo convencional (medido pelo relógio) e o tempo subjetivo. A categoria *relação* informa o modo como a pessoa se relaciona a algo ou alguém. Através da *circunstância*, a última das categorias, espera-se ter uma síntese de como a pessoa se estruturou ao longo da vida. Pelas categorias, o clínico situa a pessoa.

Outro aspecto deste Humanismo é que o homem não só vive numa circunstância bem definida e histórica, mas que ele próprio é *histórico*. Histórico significa que, apesar de condicionado pelo passado, ele pode mudar o futuro por conta de sua liberdade. Mesmo quando a pessoa não tem consciência do quanto importante é seu passado para ela, o filósofo clínico deve fazer, afirma Lúcio Packter, "o histórico completo da pessoa" (p. 27). A Filosofia Clínica não diz que o homem é só história, mas que esta condição é fundamentalmente reveladora das estruturas de pensamento e submodos que ele utiliza para resolver seus problemas. O reconhecimento da historicidade como marca da realidade humana foi assim descrita por Karl Jaspers, em *Introdução ao pensamento filosófico*: "No espelho que é a história, enxergamos para além da estreiteza do presente e discernimos padrões. Sem história, perde alento nosso espírito. Se quisermos ignorar nossa história, ela nos surpreenderá à nossa revelia" (p. 33). Desta forma, Karl Jaspers nos diz que o passado está sempre conosco. Não estamos, contudo, condenados a repeti-lo, uma vez que podemos modificá-lo. No caso da Filosofia Clínica, superar o passado significa suplantar choques existenciais que ali se formaram.

Um terceiro aspecto distintivo deste Humanismo deriva da singularidade humana. A pessoa é singular, não só porque tem uma história particular, tem uma situação única ou porque tem uma carga genética própria. A Filosofia Clínica reconhece que *cada pessoa é singular porque é um mundo*. Ela se reconhece diferentemente de todas as outras. Nela há uma forma única, diz Lúcio Packter (2008): "de como estão associados todos os seus sentimentos, seus entendimentos, seus dados éticos e epistemológicos, religiosos e o que mais houver" (p. 32). Ela possui uma vida íntima única. Como lembra Delfim Santos, em *A nova problemática*:

> A pessoa é sempre presença e ser no homem, usando das expressões de Heidegger. As situações criam no homem formas de pensamento de que ele não poderá libertar-se e que condicionam a forma de vida que cada homem revela e que lhe dá possibilidades e limitações diferentes ou capacidades de compreensão e reação ante as situações que o seu estar-no-mundo encontra (p. 362).

Lúcio Packter cita Protágoras para explicar esta singularidade da consciência humana. Ele diz: "como cada coisa aparece para mim, assim ela é para mim; como cada coisa aparece para ti, assim ela é para ti" (p. 12). No entanto, o que dizem fenomenólogos e existencialistas sobre a singularidade da alma humana está muito adiante do que afirmou

Protágoras, para quem a singularidade da consciência deriva de um conhecimento pautado nos sentidos, que, como o sabemos, nem sempre são confiáveis. E Lúcio não acompanha o filósofo grego, pois Protágoras, o primeiro sofista, defende o mais radical relativismo em Moral, em Política e em Conhecimento. Este relativismo absoluto foi, desde o princípio, avaliado como problemático por quase todos os filósofos, como lembra Valverde com as seguintes palavras: "Denunciando as certezas, duvidando, num realismo pessimista, da possibilidade da verdade, não foi à toa que os sofistas atraíram tanta ira" (p. 47). De fato, a Filosofia Clínica, que respeita a singularidade da consciência dos indivíduos, não admite o relativismo absoluto: não dá o direito de matar quem se odeia e, se a pessoa o fizer, reconhece que ela vai pagar por isto (cf. o que diz Lúcio Packter na p.17). Também não diz que se possa namorar as mulheres dos amigos sem consequências (cf. p. 16). Considera, portanto, que há tipos diferentes de verdade: algumas subjetivas e outras objetivas. Para explicar melhor o que quer dizer Lúcio Packter, Arthur Schopenhauer lembra ao dizer que a consciência é construída de representações. Fazemos representações, mas elas não esgotam a realidade, afirmava Schopenhauer. O filósofo ajuda Lúcio Packter a escapar do relativismo sofista ao dizer que nem tudo se reduz ao indivíduo, mas Schopenhauer também não serve para o que Lúcio Packter pretende, pois suas representações se referem ao que Kant denomina fenômeno, deixando espaço para a vontade, que é, para ele, o princípio infinito do real. A representação é aparência ou forma como o mundo aparece para nós, mas isto não significa que cada um seja um mundo singular, pois categorias e fenômenos são, no entendimento kantiano, compartilhados numa consciência transcendental da qual todos participam. Conforme observa Julián Marías, Schopenhauer trabalha com os esquemas kantianos ou como eles eram entendidos naquela época. Afirma Marías em sua clássica *História da Filosofia*:

> As formas deste mundo, que o transformam num mundo de objetos, são o espaço, o tempo e a causalidade, que ordenam e elaboram sensações. As raízes kantianas desta teoria são bem visíveis (p. 373).

Além do que foi dito acima, é importante considerar que, para Schopenhauer, há um momento no mundo que não apreendemos como fenômeno, mas de forma mais profunda e imediata como vontade de viver. O eu vê o mundo como representação, mas também como vontade, conclui Schopenhauer. O que Lúcio Packter pretende dizer em seu livro é, portanto, coisa muito diversa de Schopenhauer. Lúcio entende que as pessoas percebem o mundo de forma única, mas que nele há coisas e valores que não são relativos, pois as pessoas vivem numa sociedade que tem verdades que não são subjetivas (cf. p. 63). Há uma instância social que os objetiva, o mundo natural segue leis que não mudam pela vontade das pessoas, e o mundo social tem regras para serem seguidas. Portanto, toda esta discussão sobre o mundo único e vida compartilhada só faz sentido com os elementos da filosofia contemporânea, ou melhor, da fenomenologia, em especial na aplicação do método fenomenológico à psicologia humana. Este reconhecimento de que cada um vive o mundo intimamente a seu modo, embora viva num ambiente social que tem regras e leis objetivas, é outra característica deste Humanismo da Filosofia Clínica. Há verdades, dizem os fenomenólogos: subjetivas (ou existenciais) e objetivas (vindas da Ciência, Religião e Filosofia, isto é, da sociedade). É esta a razão pela qual "não pode o filósofo começar a clínica com tipologias ou esteriótipos ou dogmas" (p. 24); o indivíduo é, em certo sentido, uma forma única de perceber e sentir e deve ser compreendido assim. No entanto, ele é histórico, vive sua liberdade em circunstância, possui uma estrutura de pensamento, usa submodos etc., aspectos que ele compartilha com todos os outros homens. Apesar da semelhança com as teorias de inspiração fenomenológica, a Filosofia Clínica tem suas particularidades. Dito de outro modo por Lúcio Packter: "o fato de se valer de pressupostos fenomenológicos e possuir semelhança com outras teorias sob o mesmo alicerce não significa que a Filosofia clínica não tenha uma estrutura só sua" (p. 68).

A Filosofia Clínica tem uma posição específica diante das técnicas que estudam a consciência. Ela espera evitar aqueles erros que os fenomenólogos denunciaram ao dizer que, ao tratar a alma com as categorias do mundo físico, o Humanismo que veio da ciência entrou em crise e isto, na síntese de Delfim Santos em *Humanismo científico*, porque: "a ciência não deu ao homem o que ele esperava, dando-lhe inesperadamente o que ele não esperava. E o que fazer desse não esperado que, de longe e bruscamente, ultrapassou todas as nossas esperanças?" (p. 497). Esta é outra característica do Humanismo da Filosofia Clínica. Ela entende que a ciência é importante, mas não desvela toda a realidade íntima do homem, em especial sua dimensão de liberdade, como dizem os mais diferentes fenomenólogos: Delfim Santos, Miguel Reale, Ortega y Gasset, Karl Jaspers e tantos outros. Antes deles, Husserl já lembrara tudo isto, a crise da

I – FILOSOFIA CLÍNICA E HUMANISMO

ciência moderna nasce da objetivação do homem ou de sua coisificação, conforme síntese de Creusa Capalbo no capítulo "Método fenomenológico", parte do livro *Métodos*, organizado por Leônidas Hegenberg:

Vê-se, então, a necessidade da redução fenomenológica, isto é, da colocação entre parênteses (*époché*) das ciências naturais, na verdade de toda transcendência. O resultado desta *époché* não significa que se exclui a permanência dos conhecimentos científicos e da transcendência: eles são conservados. A redução se faz sobre o ser dos objetos intramundanos reais ou ideais, que, colocados entre parêntesis, se tornam para a consciência noemas, no sentido transcendental e não psicológico (p. 102).

Como combinar a liberdade pessoal com as exigências da vida social? A resposta de Lúcio Packter é amarrar o ensimesmar-se (ou inversão) e o alterar-se (ou voltar-se para fora e para o mundo do outro chamado de recíproca de inversão), para usarmos as expressões consagradas por José Ortega y Gasset. Esta dupla realidade de sermos livres e únicos, mas também integrantes do grupo social, aparece assim nas palavras de Lúcio Packter: "A solidão nos fará desejar a sociedade e esta nos conduzirá novamente a nós mesmos" (p. 50). Portanto, neste sentido, a posição de Lúcio corresponde exatamente ao que diz Ortega y Gasset ao explicar que a subjetividade contemporânea supera a antiga compreensão do eu formulada no início da modernidade. Hoje em dia não faz sentido falar de uma consciência separada do entorno, ainda que isto possa ser de difícil compreensão, conforme observa o filósofo espanhol José Ortega y Gasset, em *O que é a Filosofia?*:

29

O eu, (...), é intimidade: agora se trata de que saia de si conservando sua intimidade. Não é isto contraditório? (...) o eu é intimidade, é o que está dentro de si, é para si. Contudo, é preciso que, sem perder esta intimidade, o eu encontre um mundo fundamentalmente diverso dele e que saia, fora de si, para esse mundo (p. 140).

Esta saída de si não é só em direção às coisas, mas também aparece nas relações *intersubjetivas* estudadas pela psicologia fenomenológica. A vida do homem realiza-se em uma situação, dizia Jean Paul Sartre. O Humanismo da Filosofia Clínica incorpora mais este aspecto da fenomenologia existencial, o homem se faz na liberdade, ele não nasce pronto, mas a liberdade se vive entre outras pessoas. As escolhas que revelam nossa liberdade são feitas numa circunstância e diante de outros sujeitos que também são livres. Em outras palavras, a liberdade de cada um nos faz únicos, nós nos escolhemos com nossas escolhas, mas nossas escolhas envolvem outras liberdades. Isto faz com que a relação pessoal seja "subjetivamente aprazível às pessoas envolvidas" (p. 34) ou o inverso, as relações podem ser sentidas como ruins. Como já resumimos em *Filosofia Clínica – estudos de fundamentação*: "No primeiro caso denominamos a interseção de positiva. Quando ocorre o inverso a chamamos de negativa. Existe ainda a interseção confusa, quando as pessoas não sabem dizer qual a experiência estão vivendo" (p. 18/19). A forma como ocorrem as interseções é o modo como a Filosofia Clínica distingue as relações intersubjetivas.

Considerações finais

Ao referir-se à Filosofia Clínica como humanista, Dayde Packter Zavarize nos obriga a pensar se ela de fato o é e em que sentido. O que dissemos parece confirmar a hipótese de Zavarize. O aspecto fundamental do Humanismo presente na Filosofia Clínica é o reconhecimento da *singularidade existencial e liberdade* do homem. Uma subjetividade que se faz com suas escolhas, um ser que é o que se faz. A singularidade existencial nos impede de tratar a pessoa como coisa quando ela está no exercício de sua liberdade. Esta pessoa vive conflitos ou choques íntimos por conta das escolhas que faz ao longo da vida. Para a Filosofia Clínica, através das categorias, ela se localiza no mundo e o percebe do seu jeito. Através dos tópicos da estrutura de pensamento, a Filosofia Clínica mostra os aspectos fundamentais da estrutura de pensamento da pessoa, ou melhor, o modo como ela lida com o mundo e consigo mesma.

Outras características do Humanismo presentes na Filosofia Clínica acima enumeradas são: *subjetividade situada numa circunstância, verdades objetivas do mundo social balizando as verdades do indivíduo, incapacidade da ciência moderna tratar a liberdade humana e a existência de tipos diferentes de relacionamento intersubjetivo.* Todas estas características são marcantes no pensamento de Edmund Husserl, Ortega y Gasset, Delfim Santos, Karl Jaspers e muitos outros que se inspiram na fenomenologia. Por isto, o Humanismo da Filosofia Clínica tem os mesmos elementos reconhecidos pela fenomenologia existencial para tratar da existência humana.

O que explanamos revela que não estamos diante do Humanismo renascentista, mas de um Humanismo impregnado por outra característica fenomenológica, a *historicidade* do homem. Ele se escolhe continuamente e muda seu futuro desta forma. Neste sentido, é um Humanismo otimista, pois aposta na possibilidade da pessoa romper os choques que a limitam e descobrir o caminho que a fará feliz. A Filosofia Clínica entende que o homem possa construir seu futuro de modo diverso do passado e viver uma vida sem grandes choques em sua estrutura de pensamento.

Quando hoje em dia olhamos o mundo, com crianças vivendo em famílias sem afeto, recebendo pouca atenção e cuidado, quando ouvimos as notícias de violência em todos os campos da vida social, constatamos o descaso com os velhos ou ouvimos contar histórias de gangues de adolescentes que batem, chutam, zoam e até matam em suas andanças pelas madrugadas, e vemos o quão distante estamos das referências que o Humanismo representa. Tudo isto é sintoma da falta de cuidado com o homem, cuidado que estamos desafiados a exercitar e fortalecer. A Filosofia Clínica faz este chamado para a mudança na direção de relações pessoais mais ricas, cheia de esperança e intercessões positivas.

Bibliografia

ABBAGNANO, Nicola. *Dicionário de Filosofia*. 2ª ed. São Paulo: Mestre Jou, 1962.

CAPALBO, Creusa. "Método fenomenológico". In: HEGENBERG, Leônidas (org.). *Métodos*. São Paulo: EPU, 2005.

CARVALHO, José Maurício de. *Filosofia Clínica – estudos de fundamentação*. São João del-Rei: UFSJ, 2005.

_____. *O Homem e a Filosofia – pequenas meditações sobre a existência e a cultura*. 2ª ed. Porto Alegre: EDIPUCRS, 2007.

_____. *Estudos de Filosofia Clínica – uma abordagem fenomenológica*. Curitiba: IBPEX, 2008.

JASPERS, Karl. "Renovación de la Universidad". In: *Balance y Perspectiva*. Madrid: Revista do Ocidente, 1953.

_____. *Iniciação Filosófica*. Lisboa: Guimarães, 1987.

_____. *Introdução ao pensamento filosófico*. 9ª ed. São Paulo: Cultrix, 1993.

MARÍAS, Julián. *História da filosofia*. São Paulo: Martins Fontes, 2004.

ORTEGA Y GASSET, José. *O que é a Filosofia?*. Rio de Janeiro: Ibero-americano, 1961.

PACKTER, Lúcio. *Filosofia Clínica – a filosofia no hospital e no consultório*. São Paulo: All Print, 2008.

SANTOS, Delfim. "Humanismo científico". *Obras Completas*. 2ª ed. Lisboa: Calouste Gulbenkian, 1982.

_____. "A nova problemática". *Obras Completas*. 2ª ed. Lisboa: Calouste Gulbenkian, 1982.

SARTRE, Jean Paul. *O existencialismo é um humanismo*. 3ª ed. São Paulo: Nova Cultural, 1987.

VALVERDE, José Maria. *História do pensamento*. Vol. I. São Paulo: Nova Cultural, 1987.

II – ESPACIALIDADE, O LUGAR DO HOMEM

Considerações iniciais

Este capítulo examina o tópico 14 da Estrutura de Pensamento (EP), lugar da malha intelectiva que traduz as formas do sujeito viver sua localização no espaço. Todos vivemos em certa posição no espaço por conta de nossa corporalidade, mas a espacialidade quer observar uma outra forma de localização. Pela espacialidade, espera-se entender como a pessoa se situa em sua estrutura intelectiva.

A pessoa pode se voltar para o que já vivenciou, indo até o passado, ou pode buscar no futuro um alento para suas dificuldades atuais. Ela pode trazer para si uma situação de outrem ou pode transcender no tempo e, assim, posicionar-se diante da experiência vivida.

Pretende-se mostrar neste capítulo que o tópico 14 representa um aspecto fundamental do modo de ser do homem, abordado pelos fenomenólogos como ser em situação. O propósito deste reconhecimento é fortalecer os vínculos da Filosofia Clínica com a escola fenomenológica. O método fenomenológico descreve a essência das experiências íntimas, por isto, mesmo sendo uma ciência eidética concreta, ajuda a estabelecer a cientificidade dos fatos psicológicos. Fica desta forma estabelecido o vínculo entre as questões psicológicas tratadas na Filosofia Clínica e o modo de ser do homem, forma da escola fenomenológica referir-se à existência humana.

Os assuntos examinados a seguir são: a espacialidade humana, segundo a escola fenomenológica; a singularidade da espacialidade intelectual comparada com a presença corporal; a importância da linguagem como instrumento da espacialidade intelectual e os modos de manifestação da espacialidade intelectual, segundo a Filosofia Clínica.

1. Espacialidade humana

A relação com o mundo que resiste a nossa presença é percebida pela localização de nosso corpo no espaço. O corpo nos situa num determinado lugar e faz ver o mundo numa perspectiva particular. Tudo seria diferente para o homem se a mão não tivesse dedos, se os pulmões não retirassem o oxigênio do ar ou se não tivéssemos pés para nos locomover e nos levar de um lado para o outro. Porque temos contato com as coisas de uma forma específica, elas são seguras pelos dedos, o ar sentido pelos pulmões e narinas, o chão tocado pelos pés, é por isto que o mundo nos parece do modo que é. Este significado fenomenológico de nossa existência é o tema do capítulo "Filosofia do corpo", publicado em *Passeando pela vida*. Como exemplo, transcrevo o que diz Lúcio Packter naquele livro sobre como o criador pensou o nariz de sua criatura. Ele disse: "o nariz seria maior, mas havia o exemplo exagerado dos elefantes" (p. 52). É porque o nariz é como é que o mundo nos tem este cheiro que nos parece familiar. O nariz permite sentir os odores do mundo e, por ele, entra o ar para os pulmões. Nossa percepção do mundo seria diversa se tivéssemos o nariz do elefante ou do cachorro, ou muito maior que o atual, ou muito mais apurado para o cheiro. O modo como nos localizamos fisicamente no espaço depende de nosso corpo. No entanto, não estamos no espaço só através do corpo. Temos uma forma intelectual de nos situar nele. Este é o aspecto que Lúcio Packter busca captar através do tópico 14 da Estrutura de Pensamento (EP).

2. Espacialidade e situação

A escola fenomenológica refere-se sempre ao homem no mundo, isto é, como sujeito situado, o que significa que ele não é uma realidade abstrata à parte do que o envolve. Depois das lições de fenomenologia, conforme resumimos em *O Homem e a Filosofia*: "não é possível tratar homem e mundo, ou o velho problema da realidade, separando um do outro" (p. 16).

Pela espacialidade, entendida como realidade corporal, o homem se localiza em certo ponto do espaço e tempo. A espacialidade intelectiva ou do eu é diferente da espacialidade corporal. Encontramos, ordinariamente, duas formas de tratar a espacialidade do eu entre os fenomenólogos. De um lado, há aqueles como o existencialista Gabriel Marcel que consideram impossível pensar um eu desmaterializado, pois o eu apenas se encontra em um corpo. Neste caso, entre o corpo e o eu não há uma relação instrumental, o corpo não é algo que envolve o eu. O corpo é o ponto de inserção no mundo, e o homem é um ser encarnado vivendo em uma situação. Isto significa que tudo quanto existe na natureza ou na cultura acha-se em relação com o corpo, e este situa o sujeito no mundo.

O estar em relação inseparável com o mundo é uma conclusão comum entre os fenomenólogos. No entanto, filósofos como W. Luijpen percebem que a espacialidade corporal que situa o sujeito no aqui e agora é realidade diferente da espacialidade representada na malha intelectual. O que foi dito por Marcel desconsidera este aspecto. A localização intelectiva propicia ao sujeito transcender o espaço e o tempo em que o corpo está. Esta compreensão tornou-se marca da filosofia raciovitalista de José Ortega y Gasset, que, ao dizer que o sujeito é ele e sua circunstância, cuidou de explicar que da circunstância fazem parte o corpo e tudo o mais que envolve o eu, desde as emoções até a família, a cidade, o momento histórico, a cultura, enfim.

A forma de pensar a aderência corporal ao mundo é fundamental para entender a existência humana, mas ela não esgota todo o sentido da existência histórica. As duas formas diversas de considerar a espacialidade divide os fenomenólogos que estão juntos quando se trata de pensar a inseparabilidade entre o mundo e o sujeito. A discordância está, portanto, na maneira como a inseparabilidade é vivida.

A Filosofia Clínica, quando fala da espacialidade retratada na malha intelectiva, está mais próxima de Luijpen e Ortega y Gasset do que da forma concebida pelo existencialismo cristão de Gabriel Marcel.

3. Espacialidade e linguagem

A nossa presença no mundo não se faz só pelo corpo, mas também pela forma de pensar. Assim ocorre porque a relação com o mundo pelo corpo e pelo pensamento são

II – ESPACIALIDADE, O LUGAR DO HOMEM

coisas diferentes, mas ambas fazem parte do modo humano de ser. Diz Luijpen em *Introdução à filosofia fenomenológica*: "Não se pode (...) afirmar nenhum ser fora de sua própria presença como sujeito existente; com outras palavras, o homem jamais afirma alguma coisa que não seja o ser-para-o-homem" (p. 66). Ele o afirma porque a palavra lhe permite passar da espacialidade física para o pensamento. A linguagem e o pensamento estão inseparavelmente vinculados e permitem que a espacialidade física seja traduzida pelo pensamento. Assim a presença física adquire significado no pensamento, como afirma o mesmo fenomenólogo: "O sujeito como cogito, existente, é, entretanto, o deixar-ser do sentido, o acabamento da desocultação dele. Mas, visto que o cogito é também primordialmente palavra, cumpre dizer-se que o falar faz o sentido ser, que a fala consuma a verdade do sentido" (idem, p. 67).

A linguagem não é apenas fala, inclui sinais, gestos e, muitas vezes, uma simples troca de olhar é uma forma de comunicação, mas o fato de falar e escrever é um aspecto fundamental da existência humana. Através da linguagem falada ou escrita, o homem dá sentido ao que está a sua volta. Dar sentido não é uma criação solipista, teoria para a qual só existo eu, e todos os outros entes são ideias minhas, mas de troca com o entorno que me envolve. Este aspecto da relação entre o existente e o mundo levou autores como Martin Heidegger a dizer que o homem não é dono do sentido, mas o pastor, o guardador do ser. Através do pensamento, o ser se mostra e adquire sentido problemático. Parece estranha a afirmação fenomenológica de que sem sujeito o mundo não existe, mas isto é diferente de dizer que não há nada em volta do homem, o que há, segundo os fenomenólogos, é um

39

mundo-para-o-sujeito. A conclusão que daí tiramos é muito importante para o filósofo clínico, pois as palavras não apenas soam, elas, pela linguagem, situam-nos no mundo pelo sentido que damos aos fenômenos. Isto é, as palavras traduzem a posição intelectiva do sujeito captada na espacialidade enquanto elemento da Estrutura de Pensamento (EP).

4. Espacialidade na Filosofia Clínica

O tópico 14 da Estrutura de Pensamento (EP) é a espacialidade. Para a Filosofia Clínica, conforme ensina Lúcio Packter no *Caderno D*, espacialidade é "a posição intelectiva da pessoa. Teu corpo está aí, ele pergunta, mas onde estão os conceitos da sua malha intelectiva?" (p. 14). Com esta pergunta, ele quer dizer que os conceitos da malha intelectiva podem não estar exatamente na mesma posição de tempo e de espaço que o corpo está. Como a pessoa pode se localizar no espaço intelectivo? Lúcio Packter resume as formas desta posição explicando que ela pode trazer um assunto qualquer para sua intimidade e tentar resolvê-lo em seu íntimo. Neste caso, o que ocorre fora do sujeito é transposto para seu universo interior num fenômeno denominado inversão. Michele Paulo, em seu livro *Compêndio de Filosofia Clínica*, esclarece que inversão é o processo de trazer "os outros ao próprio mundo existencial" (p. 55/6), isto é, ao espaço íntimo do sujeito. O contrário também ocorre, o sujeito pode ir até o outro ou até algum objeto num fenômeno que a Filosofia Clínica denomina recíproca de inversão. Neste caso, ela está localizando no espaço fora dela aquilo que vive em seu íntimo. Quando este processo de transposição para fora assume entes que estão ao alcance dos sentidos, chamamos este fenômeno de deslocamento curto e, diversamente, denominamos deslocamento longo quando a perspectiva para onde o sujeito se transporta distancia-se de seus dados sensoriais, conforme comentam Dantas, Clauss e Faraday em *Terapia em Filosofia Clínica*. No deslocamento longo, a pessoa se desloca para espacialmente distante de onde ela se encontra fisicamente.

Quando consideramos, escutando as lições da fenomenologia, que não há mundo sem o sujeito que o pensa, percebemos que há muitos mundos humanos construídos de maneira particular, conforme cada pessoa se relaciona com seu entorno. A filosofia clínica mostra que é a história de vida a principal variável que faz as pessoas perceberem o entorno a si de modo diverso e de se relacionar com ele de forma particular por conta de sua localização intelectiva. Uma mesma situação parece diferente se o sujeito, em seu íntimo, pensa sobre a casa que habitou desde quando nasceu ou o faz colocando-se na pele de outra pessoa, como de um corretor de imóveis. A forma diferente de se situar no espaço mais em si ou mais no outro indica que o homem vive campos pragmáticos distintos que se formam por conta de sua corporalidade e história de vida. É o fato de termos braços e pernas, um estômago que se enche de alimentos, pés que sobem e descem escadas, um nariz que sente o cheiro da terra molhada, mas principalmente é uma história particular que faz as coisas parecerem diferentes quando falo de uma casa, trazendo os assuntos em torno dela para meu íntimo ou pensar nela como o faz outra pessoa. É claro que entram outros componentes da malha intelectiva neste processo, como a importância da emoção, o fato de a pessoa ser mais abstrata ou sensorial, mas não vamos tratar destes outros tópicos da EP aqui.

Adotando atitude inversiva, a pessoa pensará a casa em seu íntimo e, se não o for, vai olhá-la como outra pessoa qualquer a olharia. Ao falar da porta que segura entre os dedos, o sujeito refere-se ao objeto intencionado, fazendo deslocamento curto. Ele faz deslocamento longo, quando, ao contrário e ao se referir à igreja do bairro, distante três quadras dali, descreve-a ou fala de algo que ali viveu, embora a igreja esteja fora de seu campo de percepção.

No livro *Estudos de Filosofia Clínica*, considera-se que a inserção no espaço de um modo próprio integra o modo de ser do homem. Como todos os seres, o homem se encontra no espaço por conta de sua corporalidade, "mas ele é capaz de pensar em outros lugares sem sair fisicamente de onde está" (p. 38). O que espera obter ao mudar sua perspectiva espacial? Ele espera, como resumimos em *Filosofia Clínica – estudos de fundamentação*, "completar sua visão de mundo" (p. 37), pois o homem, como observa Forghieri em *Psicologia Fenomenológica*, "pode vivenciar o distanciamento e a proximidade de locais, coisas e pessoas (...) de acordo com seu modo de existir" (p. 45).

5. Deslocamento longo e transcendência do entorno

Indicamos no item anterior que, para a Filosofia Clínica, espacialidade na malha intelectiva representa um deslocar-se para o próprio interior ou para a perspectiva do outro, falar de coisas próximas ou distantes como o são as lembranças da infância ou uma igreja distante. Voltemos ao exemplo da casa. A casa da infância pode evocar lembranças do passado, do pai lendo na varanda, da mãe acendendo o fogão à lenha, dos bolos maravilhosos que ela fazia, dos amigos que moravam ao lado. Lembranças alegres de um passado distante se formam na consciência, como também as lembranças tristes de perdas vividas, que expressam o deslocamento longo.

É pelo deslocamento longo que o homem pode transcender o momento vivido e traduzir a perspectiva de outrem ou trazer para si este outro foco dos fenômenos. Deslocamento longo é a transcendência em direção ao outro e no tempo. Ele traduz um aspecto da espacialidade na malha intelectiva, pois o homem não apenas está em seu local e instante atual. Mesmo sem sair fisicamente de onde está ele pode transcender esta circunstância, como lembra Forghieri em *Psicologia fenomenológica*: "O nosso espacializar não se limita ao estar aqui, pois inclui o ter estado lá e o poder ir a estar acolá, reunidos numa compreensão global" (p. 44). O espacializar tem uma relação com o tempo, questão que ficará em suspenso, pois a abordaremos no capítulo seguinte.

O deslocamento longo é um fenômeno que se esclarece a partir dos estudos de Jean Paul Sartre sobre a imaginação. Em seus trabalhos fenomenológicos, o filósofo francês fala da imaginação como um dirigir-se a um objeto distante, um objeto que já não está fisicamente diante de mim, mas que aparece na consciência com o conteúdo que lhe atribuo. Ao fazer deslocamento longo é como se o sujeito se afastasse do que o envolve. O deslocamento longo traduz a possibilidade humana de transcender o que o cerca proximamente e fazer do entorno algo diverso do que o cerca fisicamente.

A relação com o meio permanece como exigência de compreensão, mas o sujeito afasta o que o envolve imediata e proximamente para construir um outro meio. Este outro meio é o que Sartre denomina imaginação, conforme resume Roger Garaudy, em *Perspectivas do Homem*:

> Imaginar, tanto quanto perceber, não consiste em explorar uma paisagem interior ou exterior, mas em dirigir-se para um objeto transcendente, presente e inesgotável no caso da percepção, ausente no caso da imaginação (...). Para imaginar um objeto é preciso que eu apague, rejeite, afaste o real (...). A imaginação revela o poder da consciência de despegar-se do real, de superá-lo. Para que a consciência possa imaginar, é preciso que ela escape ao mundo graças à sua própria natureza, é preciso que possa extrair de si mesma uma posição de recuo em relação ao mundo (p. 73/ 74).

Ao colocar o fato como uma figura sobre um fundo, Jean Paul Sartre aderiu aos ensinamentos da escola da Gestalt e expressa o entendimento fenomenológico de que, na imaginação, a figura ganha compreensão sobre o fundo. Nos estudos sobre a imaginação, Sartre conclui que os objetos só existem para o sujeito envolvido num nada de significado, dando um sentido ontológico de fundo na questão de natureza psicológica.

Ao fazer o deslocamento longo, o sujeito cria o mundo que imagina e se afasta de sua experiência próxima. Ao se distanciar do objeto imediato na busca de uma melhor compreensão para ele, amplia-se o significado de fenômeno. A casa de nosso exemplo ganha sentido para o morador, porque ele se afasta de sua presença imediata e faz deslocamento longo, indo até objetos e estados que têm por pano de fundo a saudade. A varanda da casa não é apenas o espaço físico que qualquer um percebe, é o lugar de encontro da família, o espaço de descanso nas tardes de preguiça, o canto do primeiro beijo.

O deslocamento longo não ocorre apenas para o passado, como no exemplo mencionado. Quando assim ocorre, este passado representa a riqueza de experiências fundamentais, das quais ninguém pode nos privar. No entanto, em diversas situações, a transcendência é uma ida em intenção para o futuro, das quais é exemplo o relato de Victor Frankl (sobre o comportamento dos prisioneiros nos campos de concentração, onde os que sobreviviam tinham um motivo para ficar vivos). Contando suas experiências num campo de concentração nazista, ele explicou que aqueles que conseguiam ir ao futuro, ampliando o que é representado pelo tópico espacializar em sua malha intelectiva, conseguiam superar os traumas daqueles dias de prisão. Ele afirma (s.d.[1]): "para elevá-los psiquicamente, era necessário apontar-lhes uma meta no sentido do futuro; fazer tudo para lhes recordar que a vida ou alguém esperava por eles" (p. 109). Portanto, o deslocamento longo é não só ir para outro lugar distante no espaço e no passado, mas pode ocorrer também como uma ida a um futuro distante e para um lugar bem diferente de onde a pessoa está.

Victor Frankl soube usar o deslocamento longo para preservar a própria integridade. Ele buscou na ida ao futuro a

---

[1] N.E.: s.d. = sem data.

resistência para vencer as dores do momento em que vivia na prisão. E o fez de modo que preservou mais que sua estrutura de pensamento, ele tornou-se alguém familiarizado com as dores da alma e um especialista em cuidar delas. Disse-o Lúcio Packter em seu livro *Passeando pela vida*:

> Victor era uma espécie de psicanalista teólogo. E talvez ele fosse um teólogo apenas. Frankl também sofreu os horrores do nazismo sem ter se tornado nazista por isso, o que aconteceu muito. Usou o sofrimento da miséria que viveu em campos nazistas para fortalecer a alma, enquanto o corpo se arrastava. Ele viu amigos morrendo, ele perdeu várias vezes tudo o que mais amava. E a cada golpe esse homem se reergueu outra vez: cada traço do seu rosto mostrou isso. Alcançou uma unanimidade rara com o trabalho que realizou. Salvou muita gente da lama existencial. Ele socorreu muitos desgraçados de alma (p. 137).

6. Espacialidade e Fenomenologia

O tópico espacialidade tem seu fundamento na fenomenologia? Não consiste esta forma de se situar intelectualmente mais em si do que no outro, mais ao alcance dos sentidos do que em objetos distantes numa atitude psicológica? É evidente que estamos descrevendo um fenômeno psicológico. No entanto, para ficarmos no exemplo mencionado no item anterior, da casa pensada no íntimo do morador, notamos que, quando ele se transporta para a perspectiva de outra pessoa, não revela uma consciência fechada em si com significados que lhe pertencem. Estar consciente é uma maneira de existir ou um modo de ser. O trazer para si um fenômeno que ocorre fora, ou seu contrário, é atitude psicológica que não se separa do mecanismo fundamental descrito pela escola fenomenológica, como diz Luijpen, em *Introdução à fenomenologia existencial*: "A unidade da implicação mútua de sujeito e mundo é a dimensão original em que o homem está, pensa e fala. Colocando-se fora dela, não se encontra em nenhuma parte e não fala de nada" (p. 80).

Em outras palavras, a espacialidade do espaço intelectivo é uma forma de viver a relação entre o sujeito e seu entorno mais nele ou mais fora, conforme utilize mais a inversão ou a recíproca de inversão.

Considerações finais

Neste capítulo, examina-se a espacialidade da malha intelectiva, representada pelo tópico 14 da Estrutura de Pensamento (EP). Verificou-se que a espacialidade representa a possibilidade humana de transcender o momento presente ou de mudar o foco do fenômeno, levando para fora ou trazendo para dentro da pessoa a forma de examinar as coisas.

A Filosofia Clínica sempre destaca o modo como o indivíduo vê as coisas e, por isto, ele é a figura central do processo clínico. Ao falar das mudanças na malha intelectiva, queremos saber se o sujeito traz para si o que vê fora ou se faz o movimento contrário. Caso se transporte para fora, a Filosofia Clínica examina se o indivíduo vai para longe ou perto de sua experiência sensorial, dando nomes diferentes aos dois modos de deslocamento.

Quando o sujeito desloca-se para fora ou traz para si a visão de outrem, ele procura descrever e compreender uma realidade psicológica cujo mecanismo é usado para explicar o que pensa, mas esta experiência serve também para transformar as dificuldades experimentadas.

O espacializar é objeto da filosofia fenomenológica, mas também é estudado nas escolas psicológicas de raiz fenomenológica. Na Gestalt-terapia, por exemplo, observa-se que a experiência presente convive com a história da pessoa, numa relação de figura e fundo, de todo e parte.

Do afirmado três conclusões são possíveis:

1. espacializar é um tópico da Estrutura de Pensamento que se vale dos ensinamentos da filosofia fenomenológica sobre as diferentes formas do existente se situar no mundo;

2. espacializar é o nome que a Filosofia Clínica dá à possibilidade humana de transcender no tempo e no espaço reconhecido pela escola fenomenológica.

3. O tópico espacializar mostra o vínculo entre a Filosofia Clínica e a escola fenomenológica.

Bibliografia

CARVALHO, José Maurício de. *Filosofia Clínica – estudos de fundamentação*. São João del-Rei: UFSJ, 2005.

_____. *O Homem e a Filosofia*. 2ª ed. Porto Alegre: EDIPUCRS, 2007.

_____. *Estudos de Filosofia Clínica*. Curitiba: Ibpex, 2008.

DANTAS, V.; CLAUSS, M.; FARADAY, S. *Terapia em Filosofia Clínica*. Fortaleza: s./ed., 2004.

FRANKL, Victor. *Um psicólogo num campo de concentração*. Lisboa: Áster, s.d.

FORGHIERI, Yolanda Cintrão. *Psicologia fenomenológica*. São Paulo: Pioneira, 1993.

LUIJPEN, W. *Introdução à fenomenologia existencial*. São Paulo: EPU, 1973.

PACKTER, Lúcio. *Caderno D*. Porto Alegre: Instituto Packter, 1997/8.

_____. *Passeando pela vida*. Florianópolis: Garapuvu, 1999.

PAULO, Margarida Nichele. *Compêndio de Filosofia Clínica*. Porto Alegre: Imprensa Livre, 2001.

III – TEMPORALIDADE, O HOMEM COMO PROJETO

Considerações iniciais

Neste capítulo, estudaremos a temporalidade, que como a espacialidade examinada no capítulo anterior é aspecto fundamental do modo de ser do homem. A escola fenomenológica existencial a descreve como um ir para o futuro, como um projeto que se faz com os elementos que vêm do passado. Cada homem é responsável por fazer sua vida, sendo muito particular a importância que ele dá a esta tarefa e o quão consciente se mostra dela. A diferença marcante é que, na clínica de inspiração fenomenológica, ao contrário de outras abordagens, as dificuldades da pessoa não são necessariamente fruto de nós do passado que ficam permanentemente se repetindo, mas de relações com o entorno que não se fecham no passado.

Apenas uma vida meditada revela toda a beleza e riqueza própria da existência humana, mas esta tarefa não é levada adiante por todos os homens da mesma maneira. O resultado é que muitos vivem um projeto alheio, isto é, executam um roteiro de vida que já está como que traçado sem sua participação ou experimentam uma vida pobre de sentido e de realizações. Estas pessoas se dirigem ao futuro, executando um roteiro que não atende suas expectativas mais íntimas, seus desejos e habilidades, e isto de algum modo aparece como algum choque entre os diferentes tópicos que compõem sua Estrutura de Pensamento (EP). Em certo sentido, podemos dizer que muitos dos problemas de nosso tempo nascem do fato de que a pessoa não aprofunda os fatos vividos no quotidiano, não sabe dizer o que deseja de sua vida, nem como vai conduzi-la. Estas pessoas conhecem muito pouco a forma como lidam com o mundo e qual é a forma que ela tem maior facilidade de o fazer.

Na Filosofia Clínica, a temporalidade humana se concretiza no levantamento da historicidade do partilhante. É então que se pode perceber como a pessoa organizou sua estrutura de pensamento, como lida com seus roteiros, agendamentos, discursos etc. Como ela se abre mais ou menos às possibilidades novas que a vida traz, quanto consegue transcender o que já foi vivido e incorporado em seu passado, quando continua a repeti-lo.

1. Fenomenologia existencial e Filosofia Clínica: aspectos da temporalidade do sujeito

A escola fenomenológica mostrou que o modo de ser humano é diferente do modo de ser dos demais seres que estão a sua volta. Entre os entes conhecidos, nenhum possui consciência de sua situação temporal, a diferença começa por aí. A descrição que os fenomenólogos fazem da vida precisou esta singularidade. Ortega y Gasset, por exemplo, chama atenção para que a vida do homem também é um contínuo fazer, o que significa que ela é uma forma de ação, um movimento originado nas escolhas que estamos sempre fazendo. Luijpen, por sua vez, explica a consequência deste

III – TEMPORALIDADE, O HOMEM COMO PROJETO

entendimento do seguinte modo em seu livro *Introdução à fenomenologia existencial*: "É visto que o agente evoca sempre novas lacunas e vazios, nunca se pode dizer do homem que está acabado" (p. 235). Logo, ser homem é estar permanentemente a caminho, sugere Ortega y Gasset. Esta referência orteguiana à ação é reconhecida por um fenomenólogo conhecido, o francês Maurice Merleau-Ponty, como movimento de transcendência; Jean Paul Sartre, outro francês famoso, designa-o simplesmente por transcendência; e Martin Heidegger diz que este movimento é a essência do *Dasein*, isto é, o ser humano realiza sua existência como projeto. Todos querem dizer com tais conceitos que o homem nunca está pronto, ao contrário dos outros seres, que não deixam de ser o que são. Assim, mesmo que ele não esteja realizando escolhas muito significativas durante certo tempo, pode passar a fazê-lo. No máximo, o ser que não é o homem se arruína com a passagem do tempo. O ser feito como atividade contínua e consciente, aquele que é capaz de alterar o que vive por seus próprios meios, é o que denominamos temporal. Este entendimento fenomenológico corresponde na clínica filosófica à compreensão de que o levantamento da historicidade me fornece uma visão da pessoa, mas não me mostra todas as suas possibilidades, pois o futuro ficará sempre como algo a ser preenchido, a ser vivido. Todas as tentativas do filósofo clínico, quando faz os dados divisórios e os enraizamentos, visam aproximar os dados colhidos com o que o partilhante verdadeiramente é. O filósofo clínico faz a divisão na história de vida do partilhante para tornar mais minuciosa a informação que conseguiu levantar durante o relato da historicidade, aquele procedimento de ouvir e anotar toda a história de vida do partilhante da forma mais fiel

53

possível. Depois da divisão, fará o enraizamento para aprofundar as informações, esclarecer termos usados pela pessoa no relato, procurar entender melhor o significado das frases por ela usadas. Se tiver sucesso, irá se aproximar do que a pessoa é, embora a possibilidade de transcendência que cada homem pode realizar (não dizemos que faz) nunca assegure que a historicidade reflita com perfeição tudo o que a pessoa é ou poderá vir fazer. Transcender o passado é sempre possível. A prática vem mostrando, contudo, que o levantamento clínico da historicidade revela o fundamental para o trabalho no consultório e que a continuidade dos encontros com o filósofo clínico corrige parte dos problemas existentes durante o levantamento da historicidade.

Ao descrever a existência como um que fazer, Ortega y Gasset diz que a vida não está finalizada enquanto o sujeito estiver vivendo, e completa com uma indicação importante: a vida humana é uma jornada para o futuro, por isto o homem nunca está acabado. Ele compartilha tal entendimento com Martin Heidegger, que dá um sentido temporal mais específico à existência, como observa Roger Garaudy em *Perspectivas do Homem*: "Heidegger privilegia o papel do futuro no desenrolar do tempo, superamo-nos sem cessar em direção ao futuro; estamos sempre à frente de nós mesmos; a existência é vivida como futuro" (p. 52). Não saímos do presente, mas ele aparece iluminado pelo futuro e marcado pelo passado. É do presente que antevimos o que buscamos e revisitamos o que já foi vivido.

A abertura para o futuro descrita pelos fenomenólogos tem implicação importante na clínica filosófica. Quando se reconhece que o homem vive a transcendência até o futuro, isto significa que ele está se modificando e pode se tornar um

III – TEMPORALIDADE, O HOMEM COMO PROJETO

agente mais consciente destas mudanças. Ao fazê-lo, poderá executar seu projeto existencial de forma menos traumática e com menos conflitos íntimos. Talvez possa ser feliz com a forma como conduz sua vida. Para a Filosofia Clínica, este ir ao futuro de cada é um roteiro singular, próprio só dele. Cada partilhante precisa superar os eventuais nós existenciais que paralisam a vida comum e são denominados, na Filosofia Clínica, choques na malha intelectiva. Muita gente, contudo, não se reconhece na historicidade que produziu, e assim ocorre por conta de sua incapacidade de perceber o roteiro que está executando. Ele pode estar fazendo uma coisa acreditando que está fazendo outra, por exemplo. Pode estar executando um roteiro traçado por seu pai ou por um avô, roteiro que a pessoa agendou e acredita ser próprio dela. O quanto consegue realizá-lo com sua estrutura de pensamento e choques que surgem no dia a dia é que é o problema. Normalmente, a pessoa não consegue realizá-lo bem.

Além de este ir para o futuro, a fenomenologia existencial reconhece dois movimentos básicos no homem: o primeiro é um voltar-se para si, numa espécie de rejeição do mundo. Tal fenômeno, Ortega y Gasset denomina ensimesmamento. A partir deste mergulho íntimo, nessa fissura ontológica, o sujeito descobre que tem o poder de mudar as coisas. E, ao exercitar tal poder de transformar a circunstância, ele faz o segundo movimento, denominado alteração por Ortega y Gasset. Através dele, o entorno ao eu se torna campo de ação. Por ele, o sujeito vai até o outro ou até as coisas que estão a sua volta. Outra forma de reconhecer os dois movimentos fundamentais é descrever o ir até a extremidade do mundo e retornar, de lá, ao fundo da intimidade. Esta é a forma preferida por Emmanuel Mounier (p. 84), em sua

Introdução ao existencialismo, mas os movimentos descritos são fundamentalmente os mesmos reconhecidos por Ortega y Gasset.

A Filosofia Clínica se dá conta deste movimento dialético, de ir e vir no tempo e para dentro e fora de nós, através dos termos inversão e recíproca de inversão, deslocamento longo e curto, examinados no capítulo anterior. A clínica nos permite entender que estes movimentos criam verdades subjetivas e objetivas; as primeiras nascidas da síntese dos tópicos da EP e as segundas percebidas na análise categorial.

Vamos recordar o que dissemos no capítulo anterior. A Filosofia Clínica trata deste assunto no tópico 14 (espacialidade) da Estrutura de Pensamento. Denomina a pessoa inversiva quando ela permanece em si e traz os outras a seu mundo existencial. Quando ela vai até o mundo, realiza uma recíproca de inversão. Esta recíproca pode ser para coisas ao alcance dos sentidos (deslocamento curto) ou para outras longe dos dados sensoriais (deslocamento longo). Através delas, traduz estes dois limites que brotam do interior da Fenomenologia: singularidade existencial vivida numa dada situação ou circunstância que limita e dá consistência ao eu. Ao longo da vida, o sujeito faz inversão e recíprocas de inversão. O que a clínica mostra é que os procedimentos são usados de modo diferente pelas pessoas. Algumas usam de modo quase exclusivo uma delas; outros, as duas. Trata-se de uma dialética que não se fecha em sínteses, ou melhor, trata-se de uma dialética da complementaridade, como disse Miguel Reale em *Experiência e Cultura*:

III – TEMPORALIDADE, O HOMEM COMO PROJETO

Dessa colocação do problema resulta, a meu ver, em que pese a dominante adialeticidade da filosofia husserliana, o caráter dialético do conhecimento, que é sempre de natureza relacional concreta ou subjetivo-objetiva, sempre aberto a novas possibilidades de síntese, sem que esta jamais se conclua, em virtude da essencial irredutibilidade dos dois termos relacionados ou relacionáveis (p. 119).

Os dois movimentos (ir ao mundo e retornar a nosso interior) nos abrem uma questão importante. A fenomenologia existencial a aborda dizendo que a singularidade humana decorre não só de termos cada qual uma história individual, mesmo os animais as tem, mas de vivermos numa comunidade que é histórica. Uma comunidade é histórica porque tem uma forma própria de entender em que consiste sua civilização, porque pensa algo de próprio sobre o funcionamento do cosmo, porque possui ou não religiosidade, porque acalenta certas crenças e valores etc. Assim, não basta ao clínico identificar a singularidade do indivíduo, precisa também conhecer o ambiente onde ele vive, isto é, localizar existencialmente a pessoa no mundo, o que se faz com os exames categoriais. Mesmo que a pessoa, ao contar sua história, não tenha sido muito precisa, o uso dos dados divisórios cumprem tal função e esclarecem como a pessoa sente e pensa as diferentes circunstâncias em que ela vive: quais são os costumes de seu grupo, o que o grupo admite como regra e lei, como se relacionam seus membros etc. Tudo isto lhe confere singularidade que nem sempre é fácil de compreender se não pertencemos a este grupo, como lembra Ortega y Gasset, em "Las Atlántidas", comentando sobre o horizonte histórico dos egípcios no texto publicado em suas *Obras Completas*:

O equilíbrio quase imperturbável que caracteriza a história egípcia e que dá forma a suas instituições, crenças, costumes, é incompreensível se não se adverte que o horizonte do povo egípcio era muito reduzido de configuração tanto que praticamente se acreditava só no mundo (p. 12).

Esta comunidade que possui um espírito próprio vive uma relação com o tempo de modo diverso dos outros seres; estamos também integrando estas vivências em um sentido comum. Isto ocorre porque nossa história vai ganhando grandes contornos. A história da Europa, por exemplo, adquiriu outras proporções bem mais amplas, devido ao contato com os árabes no tempo das cruzadas e, no século XX, com a revolução dos meios de comunicação. As mudanças na Europa significaram um pensar a História de forma muito mais abrangente, conforme disse Karl Jaspers, em *Introdução ao pensamento filosófico*, ao referir-se ao movimento geral da humanidade, comparando-a ao da evolução da natureza (1993):

Nossa História não é uma história da natureza. Não podemos entendê-la como continuação do evolver do universo e da Terra ao longo do tempo ou como prolongamento da aparição de seres vivos sobre o planeta. Despida de consciência ou repetição invariável ao longo dos tempos, a história natural se estende por milhões de anos (p. 28).

A história da humanidade é o outro nome da cultura: o agregado dos valores, conhecimentos, pensamentos, linguagem, religiões, economia que formam a história é o elemento que integra a cultura e forma os ciclos civilizatórios.

III – TEMPORALIDADE, O HOMEM COMO PROJETO

Os últimos são períodos da cultura onde há uma mudança importante no modo de vida, embora os valores nucleares da cultura permaneçam os mesmos. Na natureza, estamos entre desconhecidos, mas, na história e na cultura, estamos confortavelmente instalados em nossa morada. É como se todos os homens estivessem tecendo ao longo do tempo uma segunda pele que nunca fica completamente pronta, mas dentro da qual se sentem protegidos. Esta pele protege daquelas condições duras que a natureza possui e que dificultam a vida. A singularidade existencial é uma forma de ser do próprio tempo, um aspecto que revela a característica temporal do movimento de ir para fora e voltar para o interior de si mesmo. Este movimento foi assim captado por Delfim Santos, no artigo "Talvez", publicado nas *Obras Completas*:

> E assim não só o homem se faz no tempo, mas também o tempo se faz no homem, ou, de outra maneira, a época é feita pelo homem e o homem é, em parte, produto de sua época. Problema difícil da sociologia da cultura; o tempo de que o homem deve ser contemporâneo não é fixo, o homem criador de seu tempo é igualmente variável (p. 457).

Singularidade existencial e ser de seu tempo são aspectos fundamentais para se pensar a temporalidade humana.

2. A vida como história

O primeiro aspecto da historicidade da vida foi indicado no item anterior, o modo de ser do homem é um processo, um caminhar no tempo. Este movimento possui três eixos fundamentais: o passado, o presente e o futuro. O que cada pessoa é mostra-se na forma como percorre sua jornada temporal, na maneira que fez suas escolhas, como consolidou seu viver. Trata-se de uma jornada única e vivida uma única vez. Diz Luijpen em *Introdução à Filosofia Existencial*:

> A história humana, da qual vamos falar, é o próprio homem enquanto, em sua atividade criadora da cultura, desperta para a vida toda e qualquer facticidade, ou seja, distanciando-se aprende o sentido que ela tem e realiza as possibilidades latentes nela (p. 237).

Para identificar a trajetória de quem o procura, o filósofo clínico escuta e documenta sua história. Este é um trabalho importante e pode demorar várias sessões, o clínico sempre começa procurando entender o percurso existencial do partilhante. No relato de sua vida, conforme afirmamos em *Filosofia Clínica – estudos de fundamentação*, "o partilhante vai se lembrando de muitas coisas que se passaram com ele, ora fala dos seus sonhos futuros, ora retorna a períodos já descritos para acrescentar algo que ainda não havia dito" (p. 19). Como o relato do partilhante é frequentemente desordenado, o filósofo clínico espera colocar certa ordem nos fatos, ou melhor, "procura construir uma história sem saltos temporais ou lógicos para que ela se torne mais completa, coerente e ordenada possível" (*idem*, p. 19). O clínico vai ordenar os fatos na sequência histórica que ocorreram, procurará estabelecer uma ordem cronológica. Ao fazê-la, espera retirar cada fenômeno do isolamento e descobrir os nexos que lhe forneça um panorama geral, pois como afirma Karl Jaspers (1987): "A experi-

III – TEMPORALIDADE, O HOMEM COMO PROJETO

ência do presente compreende-se melhor refletida no espelho da história" (p. 89). No caso clínico, isto significa que a queixa inicial ganhará melhor entendimento depois de entendida a história do partilhante. Se há grandes lacunas em seu relato, o clínico o estimula a falar sobre o que ocorreu no período omitido no relato. Este procedimento é conhecido como divisão. Há frases clássicas usadas pelo clínico para permitir que a pessoa fale de grandes buracos ou saltos temporais presentes em sua história de vida, da qual é exemplo: *fale mais sobre isto*. Algumas vezes, no levantamento da historicidade, o filósofo clínico observa um fenômeno curioso. É um correlato da despersonalização ou a presença de uma segunda existência. Ao levantar a historicidade, a pessoa se apresenta ora como uma EP, ora como outra diferente. Neste caso, é bom observar que quase sempre há uma linha dominante que pode ser identificada. Este é um fenômeno curioso, mas, depois de certificado que não se trata de um delírio típico do transtorno esquizofrênico, o clínico montará as duas estruturas, identificando a dominante. De alguma forma, a existência de uma vida paralela, como a que ocorre nas histórias do mundo virtual, vai se tornando um fenômeno mais comum no consultório quando comparamos com o que ocorria antes, conforme relatou Lúcio Packter em sua palestra sobre a historicidade pronunciada no *campus* Santo Antônio da Universidade Federal de São João del-Rei. Para o fenomenólogo, o sujeito continua levando adiante sua vida, são confusões próprias de sua história que sugerem a existência de uma outra pessoa convivendo com ele em sua pele, como é relatado na história da psiquiatria ou do exemplo mencionado por Lúcio Packter.

A temporalidade do homem não se mostra apenas por uma trajetória singular, conforme indicamos no item anterior.

61

A vida humana é histórica não apenas porque é constituída de fatos no tempo, mas também porque ela se dá numa sociedade que é histórica. Um fato que para um grupo pode não ser significativo para outro é. Uma questão que em certa época tem um grande valor pode não ter o mesmo peso em outra. A história da sociedade em que se vive é importante, uma compreensão da época ajuda o filósofo clínico a superar uma relação vivida inconscientemente com seu tempo. Também o clínico espera colher na categoria tempo a temporalidade do grupo, quando pesquisa em que sociedade vive seu partilhante. O levantamento da historicidade não pode deixar de considerar o tempo de uma sociedade, deve incluir seus desafios e angústias. É a partir deste entorno que vamos entender muitos dos choques que a pessoa tem em sua estrutura de pensamento. Contudo, não se pode atribuir a uma época a responsabilidade pelo que cada um é. O que a clínica mostra é que o modo como cada pessoa vive seu tempo é o que mais importa para se construir o planejamento e atuação do filósofo no consultório.

Qual o propósito de organizar a história de vida do partilhante? O objetivo é levantar as relações entre os fenômenos vividos e estabelecer sua pertinência na estrutura de pensamento. Com a história organizada, é possível proceder aos exames categoriais, apreender a organização da estrutura do pensamento e, finalmente, descobrir os submodos que seriam exitosos no tratamento daquele indivíduo.

Lúcio Packter emprega cinco categorias para descrever como o sujeito se liga a seu entorno: assunto imediato, circunstância, lugar, tempo e relação. A temporalidade humana é um aspecto que se aprende em várias categorias. Por exemplo, primeiramente se descobre o assunto imediato e, depois, se ele é o assunto último ou se há um outro assunto último que se sucede ao imediato. No caso desta primeira categoria é o conhecimento da vida do partilhante que indicará se o assunto imediato é o último. Apesar de presente em outras categorias, a temporalidade é, no entanto, objeto específico da quarta categoria. Nela, "o que se quer saber é como a pessoa representa a mudança que ela experimenta no mundo. O tempo objetivo que é medido pelo relógio não é o tempo subjetivo, aquele realmente percebido" (p. 25), como dissemos em *Filosofia Clínica – estudos de fundamentação*. No *Caderno A* Lúcio Packter explica a diferença entre eles: "O tempo realmente considerável é o que a pessoa tem representado para si mesma" (p. 35). A questão centra-se, portanto, na vivência subjetiva do tempo, ou melhor, no tanto que ela se afasta do tempo objetivo representado pelo relógio e de outras medidas objetivas reconhecidas na sociedade, como os dias, semanas e estações do ano, por exemplo. O tempo do corpo é o tempo objetivo medido pelo relógio biológico, o tempo averiguado na estrutura de pensamento se altera conforme a situação vivida, podendo se acelerar ou se tornar lento. Vamos aprofundar esta questão no item seguinte.

3. A experiência do tempo

Falamos da temporalidade como um aspecto da vida humana, isto é, tratamos do modo de existir do homem como realidade temporal. Assim procedemos quando nos referimos aos anos já vividos e aos que ainda pensamos viver, ao tempo dedicado ao sono e àquele outro da vigília, ao período necessário para nos deslocarmos de um local para outro e àquele necessário para realizarmos um projeto que acalentamos. Nossa vida é um que fazer em sequência e é a isto que chamamos de temporalidade, característica do modo humano de existir.

A escola fenomenológica ensinou que a consciência do mundo depende da experiência do tempo. Assim, o tempo é necessário para falarmos da condição humana, ele é algo do que se tem experiência. Estamos habituados a percebê-lo marcado pelo relógio, pois tudo quanto fazemos em sociedade necessita deste parâmetro objetivo. No entanto, a experiência do tempo não se restringe a esta que o relógio fornece. Em situação de risco ou sofrimento, o tempo parece arrastar-se devagar, o instante passa lento. Ao contrário, os momentos de prazer parecem fugir de nós e correr mais rápido do que desejamos, escapam entre nossos dedos.

A experiência do tempo revela que há um modo subjetivo e outro objetivo de percebê-lo. Miguel Reale descreve esta experiência variada de forma poética, porém muito exata, no livro *Variações*, em que afirma:

> Há o tempo alegre ou alegríssimo das intuições criadoras; o piano das lembranças e meditações; o pianíssimo do ensimesmamento e das lentas introspecções; a pausa imperceptível e silenciosa do êxtase; o doce ou dolente sentimento de saudade; o tremular das hesitações e perplexidades (...); o bloqueio súbito, resultante da angústia e do terror; o retorno à moderada modulação da vida comum corrente, enquanto do pulso – onde se refletem todos os ritmos do coração – pende o peso do relógio metálico, indiferente e frio, como um utensílio inútil (p. 35/36).

III – TEMPORALIDADE, O HOMEM COMO PROJETO

Justo porque contempla aspectos objetivos e subjetivos de nossa relação com o entorno que é difícil defini-lo, considerando apenas um destes aspectos, ficando o tempo sempre preso ao projeto que temos para executar ou a nossa vivência do entorno. A experiência do tempo acaba associada à do espaço e, juntas, elas fornecem uma visão do mundo, explicava Kant. O filósofo alemão dizia que, quando nossa consciência se refere ao lugar onde percebe os objetos de entorno, usa a forma do espaço e, quando se trata da forma como a consciência representa a mudança ou sequência, denomina-a tempo. Nos dois casos, eram formas como a consciência representa a relação do homem com seu entorno, como se observa no que Kant escreveu especificamente sobre o tempo em sua conhecida *Crítica da razão pura*, dizendo que o tempo não é algo que subsista por si mesmo ou que adere às coisas como determinação objetiva, pois, se assim fosse, o tempo seria algo real mesmo sem objeto real.

A consciência humana não prescinde destas formas do entendimento para falar de nossa relação com o entorno ao eu. Mesmo quando o filósofo e/ou o teólogo se referem a algo fora do tempo e do espaço, é de uma consciência espaço-temporal que eles partem para conjeturar sobre o que está para além dela.

O homem se percebe temporal quando vê sua vida como uma sequência de escolhas que o levam a concluir um curso, casar ou ter filhos. O tópico busca da Estrutura de Pensamento traduz o movimento projetado do homem na elaboração de um futuro que se distancia de seu passado. Como já dissemos em *Filosofia Clínica – estudos de fundamentação*:

> O tópico traduz o sentido da temporalidade que no homem aparece como vivência do existir. A filosofia contemporânea, a fenomenologia existencial em particular, olha o homem como um ser que está fazendo sua própria vida e decidindo o que vai ser. É essa ideia que o tópico quer averiguar, como isto se dá na vida de cada um, se orientar para algo definido é importante na malha intelectiva da pessoa examinada (p. 35).

Esse entendimento de que o mundo se forma na consciência foi ampliado com as reflexões de Hegel, que observa que a própria consciência se transforma com a sucessão de pensamentos. Reconhecia, assim, que a consciência é histórica. Husserl deu o passo seguinte quando reviu a questão das formas sugeridas por Kant, inserindo-as numa consciência intencional, isto é, numa consciência que quando pensa já incorpora os objetos. Com a consciência intencional, ele atende ao que se chamou de sentido de pensar de nosso tempo, quando os filósofos se voltam para as coisas mesmas, e evita que se entenda esta alteração de rumo como uma tentativa de restaurar a antiga ontologia, ou melhor, a voltar à perspectiva transcendente que Kant superou com a filosofia crítica. Hegel e Husserl completaram a filosofia crítica de Kant.

Na clínica, a experiência do tempo significa a forma como cada partilhante vive sua história, concebida como uma peça completa. Não se trata só de reconhecer os fatos em sequência considerados isoladamente, o conjunto destas experiências afeta toda a estrutura de pensamento e a própria noção de existência. A vivência do tempo faz parte da autogenia. Autogenia é o tópico da Estrutura de Pensamento que como

III – TEMPORALIDADE, O HOMEM COMO PROJETO

resumimos em *Estudos de Filosofia Clínica – uma abordagem fenomenológica*: "traduz a forma como se relacionam entre si os demais tópicos que compõem a malha intelectiva. Um tópico pode estar em choque com ele mesmo ou com os demais" (p. 284). A inserção das experiências temporais no conjunto da vida é, portanto, integrante da autogenia. Os fatos da vida ganham sentido pela forma como se integram na história completa do sujeito, é o que os psicólogos da Gestalt mostraram e o que a filosofia clínica traduz através da autogenia. Como se trata de uma integração íntima que acompanha o partilhante durante toda sua vida, a temporalidade faz parte deste processo. Quanto reconhecemos que os fatos da existência são percebidos pela relação com o conjunto, isto significa que estamos sempre revendo as coisas. Ao longo da vida, podemos rever várias vezes um acontecimento da infância, mas ele vai mudando de significado à medida que temos outras experiências. Nossa capacidade de arranjar continuamente nossas experiências e de estabelecer novas relações entre eles são o movimento da autogenia.

A forma completa como a pessoa experimenta o tempo se relaciona também ao envelhecimento fisiológico. Não que as pessoas vivam o envelhecimento do corpo de modo igual, mas a duração da vida dos homens possui um componente comum e os fenômenos corpóreos afetam a forma geral como cada pessoa trata seus projetos existenciais. Por exemplo, uma mulher dificilmente poderá ser mãe depois dos cinquenta e poucos anos, e, mesmo assim, somente se contar com toda a ajuda que a medicina contemporânea puder colocar a sua disposição. Na outra ponta da vida, o início da fase reprodutiva também possui uma época mais ou menos comum, dependendo do funcionamento dos hormônios.

Isto é, a experiência do tempo possui aspectos singulares decorrentes da estrutura de pensamento de cada pessoa, mas possui também uma referência objetiva por conta dos elementos fisiológicos do ciclo vital do corpo. Este ciclo vital é objetivo, biológico e determinado, como diz Clifford Morgan, em seu clássico manual de *Psicologia Fisiológica* mencionado a seguir:

> No mamífero típico há um período grande da vida durante o qual o comportamento sexual pode ser observado. Começa com a puberdade e declina durante o terceiro terço da vida do animal. Este ciclo vital de atividade sexual está sob o controle da glândula pituitária e especificamente dos hormônios gonadobióficos da adreno-hipófise (p. 507/508).

A experiência do tempo decorre da forma como cada indivíduo integra o ciclo vital e as referências sociais da cultura em sua estrutura de pensamento. Esta forma possui as variações mais curiosas, indo da percepção de um tempo que passa lentamente até a outra em contrário. A atenção varia de uma consciência mais veloz, decorrente de uma ocupação interessante, como é usual no dia a dia, até um precipitar-se tão violento, como é típico nos usuários da mescalina. Todos experimentamos que o fluxo do tempo parece ora mais lento, ora mais rápido. Neste último caso, o que se sente não é só que o tempo passa mais rápido, mas é como se voasse e não fosse possível viver sequer o presente, tamanha a velocidade com a qual o sujeito se dirige para o futuro. É como se ele fosse sugado para frente por uma força extraordinária. Na situação inversa, há casos em que o tempo passa

III – TEMPORALIDADE, O HOMEM COMO PROJETO

tão lento para o indivíduo que é como se ele estivesse quase parado. Estando o indivíduo consciente, ele identifica a mudança em si e no mundo, mas, se as transformações forem percebidas lentamente demais, é como se a pessoa perdesse a consciência do tempo. Alguém que vive num forte estado de tristeza ou depressão relata que o tempo não avança e ele se encontra preso numa situação da qual não consegue escapar. Ainda mais radical é o relato dos partilhantes em certos estados de loucura (o filósofo clínico evita as classificações médicas como transtorno esquizofrênico), em que a pessoa diz que experimenta interrupções no fluxo do tempo. É como se o tempo parasse e, mais adiante, voltasse a se mover normalmente.

Uma forma muito singular de perceber a passagem do tempo é quando a pessoa relata suas últimas experiências como sendo muito demoradas, quando comparadas ao que já viveu. Quando a pessoa vive muitas coisas num mesmo dia, como viagens cheias de novidades, trabalho exaustivo, ela relata o dia como um período mais longo quando comparado com um dia de poucos compromissos. A referência recente fica influenciada pela quantidade de fatos significativos que o sujeito experimentou. É claro que os fatos serão mais ou menos significativos conforme a vivência geral do tempo, não havendo uma forma única de considerar o passado recente como mais ou menos significativo, ele depende da forma como cada um o avalia. Há casos extremos nos estados de loucura, onde a pessoa relata que sua última noite demorou muito, para ela durou um século inteiro.

A relação com o passado possui, no fenômeno do *déjà vu*, uma das expressões mais curiosas da literatura psicológica. Muitas vezes o partilhante relata que, mesmo estando num lugar ou situação pela primeira vez, ele tem consciência de que assim é, reconhece-a como familiar, tendo a nítida impressão de já haver vivido aquela experiência. Ele diz que os mesmos objetos, situações ou pessoas já foram percebidos com todos os seus detalhes. Mesmo consciente de que se trata de uma situação nova, não altera o sentimento que se segue à percepção. Parece que se trata de uma espécie de confusão perceptiva, em que a semelhança com algo já vivido pelo partilhante é responsável pela sensação do já vivido experimentado em situações novas. O contrário também ocorre, há relatos onde a pessoa não reconhece situações e lugares que sabemos que lhe são familiares. A situações e lugares, o indivíduo se refere como sendo produto de um primeiro contato. A situação tem o gosto da novidade absoluta. Neste caso, a confusão vem justamente de que algo novo nesta situação já bem conhecida se torna prevalente no conjunto das percepções e dá o tom da novidade à situação familiar.

Uma outra forma de alteração da consciência do presente, em relação ao tempo em geral e que afeta a percepção do devir, aparece sob a forma de desaparição do futuro. Neste caso, não há a perda da consciência do tempo, pois a pessoa tem ciência da mudança que está ocorrendo, mas não parece possuir a experiência completa do tempo, pois para ela o futuro é inexistente. Em casos extraordinários, a percepção de futuro se apresenta invertida e o partilhante fala do futuro como se estivesse se dirigindo ao passado. Em seu relato, o que acontecerá é o que se passou anteriormente. Primeiramente, ela relata os fatos mais recentes, depois virão todos os fatos de um passado mais distante e, em seguida, outros ainda mais antigos. É como se o futuro estivesse no passado e como a pessoa fosse viver tudo aquilo que já viveu.

III – TEMPORALIDADE, O HOMEM COMO PROJETO

Em resumo, o fundamental da experiência do tempo é a percepção dos movimentos. As alterações na experiência se manifestam nos saltos para o passado ou para o futuro, nas interrupções do fluxo de tempo e em sua posterior retomada e, finalmente, nas alterações do ritmo quando as percepções dão conta da aceleração ou redução dos movimentos. Todas estas experiências podem ser mais ou menos intensas, sendo as de maior intensidade os casos mais difíceis de cuidar.

4. Alterações significativas na percepção do tempo reveladas no levantamento da historicidade

A historicidade do partilhante é o reconhecimento de sua temporalidade. Na clínica, ela se mostra na configuração adquirida pela estrutura de pensamento. Ela é obtida em quatro ou cinco encontros em que o clínico escuta e anota os fatos relatados literalmente; ele não faz agendamentos e evita que a pessoa dê saltos lógicos ou temporais em seu relato. Quando colhe a historicidade, o filósofo documenta a história da pessoa da forma como ela mesma a conta, evitando interferir no relato. No máximo pede que o partilhante continue sua narrativa e usará o processo divisório para ajudar o partilhante a descrever aquelas partes da vida que ele saltou.

O clínico observa que o relato muitas vezes provoca um efeito interessante. Ao contar a história de sua vida, o partilhante passa a olhá-la de outra forma. Isto significa que muitas vezes o simples relato do que aconteceu é suficiente para que a pessoa resolva os choques em sua estrutura de pensamento. Este não é um fenômeno comum, mas acontece.

Em situações normais, o partilhante descreverá sua experiência de tempo de forma singular. O clínico notará dificuldades ao observar relatos contraditórios, grandes saltos temporais e inconsistências narrativas. É evidente que, à medida que conhecemos a história do partilhante, teremos uma visão mais exata e completa do problema, se ele realmente existir. Algumas alterações na percepção de tempo vêm de condições especiais, isto é, não aparecem na experiência comum vivida pelas pessoas. Vejamos alguns exemplos, embora não sejam os casos mais comuns encontrados na clínica.

O primeiro caso é o de indivíduos que ingerem mescalina (alcaloide extraído de um cacto mexicano que provoca alucinações visuais). Eles relatam que, para eles, o tempo se acelera. Enquanto estão sob efeito da droga, tudo passa mais rápido do que quando não tomam a droga.

Quando a pessoa relata que para ela a realidade parece desaparecer, geralmente refere-se à perda da consciência do tempo, em que o presente deixa de ser percebido como real. Outra situação pode ser observada no relato de uma pessoa muito triste ou depressiva, por exemplo; ela passa a noção de um grande vazio no futuro. Neste caso, o deprimido olha o futuro como se ele não se abrisse a sua frente, o devir desaparece como perspectiva em sua vida.

Outra alteração curiosa na vivência do tempo é quando a historicidade do partilhante mostra um passado diminuído. Não nos referimos a um relato pobre e incompleto frequentemente observado quando se colhe a historicidade do partilhante e que pode ser melhorado com a divisão, mas de um relato em que a pessoa diz que sente seu passado diminuir ou que explica que seu passado simplesmente encolheu. Uma pessoa de 40 anos

III – TEMPORALIDADE, O HOMEM COMO PROJETO

que relata que sente como se tivesse vivido apenas quatro anos, um décimo do tempo que realmente viveu, é um exemplo de redução do passado. Ela afirma que seu passado simplesmente desapareceu ou foi roubado. Esta alteração é muito encontrada em pessoas diagnosticadas pela psiquiatria com transtorno esquizofrênico. De modo que é bom escutar também a opinião de um psiquiatra, nos casos em que o partilhante relata que seu passado foi roubado, ao menos para se orientar de como proceder-se. Um trabalho em parceira com o psiquiatra e psicólogo é o que parece mais indicado nestes casos.

Há relatos de partilhantes que revelam também outras alterações importantes na percepção do tempo. Alguns trazem grandes vazios e, quando se procura fazer a divisão, o clínico observa que o relato é lacunoso e a dificuldade não pode ser solucionada com o procedimento que realiza. O partilhante conta uma sucessão de fenômenos sem a percepção do transcurso entre eles. Não se trata de esquecimento, ou da inconsciência daqueles acontecimentos, mas da falta de percepção da continuidade do tempo. Neste caso, a falta de percepção da continuidade aparece em relatos salteados. A pessoa muda de posição daqui para lá, de uma cidade para outra, sem noção da continuidade dos episódios. Os movimentos que ela relata trazem o entendimento de que entre os episódios narrados há uma imobilidade, o partilhante não demonstra a percepção do tempo intermediário. É como se os movimentos fossem interrompidos de tempos em tempos e, depois, a vida retornasse de forma mágica ao se ritmo normal. A pessoa dá saltos temporais porque não percebe a passagem do tempo. Estes relatos frequentemente indicam problemas neurológicos. De modo que o filósofo clínico, ao perceber que, quando faz a divisão, não nota a consciência da relação entre os episódios colhidos, deve encaminhar o partilhante ao neurologista, enquanto completa o levantamento de sua historicidade. A troca de informação ajudará a ambos profissionais.

Também ocorrem, na percepção de tempo, alterações decorrentes de outros problemas médicos. Também eles o filósofo clínico precisa identificar. Neste caso, ocorrem mudanças na percepção, memória, ou na avaliação psicológica dos fenômenos vividos. Denominamos memória a capacidade que o indivíduo possui de relatar sua história de vida, ligando os acontecimentos presentes ao passado. A desorientação temporal, se não inviabilizar o levantamento da historicidade do partilhante, irá dificultar muito o trabalho do filósofo clínico.

Quando ocorre uma perturbação na memória, a pessoa perde a capacidade de orientar-se no tempo; às vezes, à desorientação temporal, segue-se também uma desorientação espacial e das relações pessoais. Nestes casos, a desorientação temporal é a primeira que se observa. Desorientação temporal também aparece nos quadros de delírios mencionados por Hélio Strassburger em seu livro *Filosofia Clínica: diálogo com a lógica dos excessos*. Ao viver os delírios, a pessoa perde a referência temporal, além da confusão que revela ter com as pessoas e lugares que aparecem em seu delírio. Lembra Hélio o resultado deste fato: "Nem sempre é possível conversar com a subjetividade delirante. Seus rituais de intimidade costumam estar protegidos aos acessos da versão normal" (p. 23). Assim o é porque temos o tempo como uma categoria que tem parâmetros objetivos. Nestes delírios, incluem-se os que são decorrentes do uso frequente das bebidas e drogas alucinógenas, mas não só. Pessoas que sofrem da epilepsia igualmente revelam uma desorientação temporal, embora nestes casos a percepção do espaço e a relação com as pessoas fiquem preservadas.

5. Advertência

Deixamos indicado no item anterior que determinados problemas médicos provocam alterações na experiência que os partilhantes têm do tempo. Muitas vezes, o trabalho integrado entre filósofo clínico, psiquiatra, psicólogo e outros profissionais de saúde não ocorre, pois não existem condições adequadas nos locais de atendimento ou internação, mesmo que este trabalho fosse o mais indicado para a pessoa. Há ainda a ressaltar os problemas nascidos de uma limitação dos vários profissionais de saúde na compreensão epistemológica dos choques observados na estrutura de pensamento. Neste último caso nos referimos a uma redução categorial que os estudos fenomenológicos souberam indicar. De forma resumida, o problema é o seguinte: não se pode tratar um aspecto da realidade, o que nos aparece como matéria, por exemplo, da mesma forma como tratamos os tópicos da Estrutura de Pensamento. De todo modo, alterações profundas na experiência do tempo pedem um trabalho combinado de vários profissionais.

Esclareçamos melhor o que é o conflito que pode aparecer entre os profissionais quando possuem diferentes modos de examinar a realidade. O filósofo português Delfim Santos examina os estratos da realidade, a partir das referências proporcionadas pela fenomenologia, e indica precisamente em que consiste este erro epistemológico. Eis como já resumimos esta posição do filósofo em *Estudos de Filosofia Clínica – uma abordagem fenomenológica*:

> A nossa representação objetiva do real, conclui (Delfim Santos), nos permite reconhecer diversas de suas regiões. É no interior delas que distinguimos os seus princípios e os princípios regulativos do pensamento. O filósofo trouxe para cada região da realidade a distinção kantiana entre conhecimento e princípio regulativo. Não lhe parece possível falar de objetos irracionais, pois, para se fazerem presentes na consciência, eles têm que ser objetivados, mas a relação gnosiológica pode conter algo de irracional quando os princípios que regem o conhecimento não encontram referência nos que integram a realidade. Ao fazer essa distinção, o filósofo dialoga com a psicanálise, pois reconhecer um desalinhamento dos princípios de realidade e do entendimento, significa abrir espaço para aspectos irracionais que podem se expressar simbolicamente na consciência. (...). Por outro lado, sempre que é possível estabelecer relação entre os princípios que regem o conhecimento e uma dada região de realidade, chega-se a uma categoria que mostra como o pensamento se articula. A categoria é, para nosso pensador, o que amarra a consciência e uma certa região da realidade. Com o uso correto das categorias é possível estudar parte da realidade, usar categorias de uma região em outra é inadequado. Para ele, a única ciência que realizou um trabalho consistente com as categorias foi a

III – TEMPORALIDADE, O HOMEM COMO PROJETO

matemática, porque os matemáticos evitam a transposição e a importação de categorias de um para outros campos do real. A quantidade é a categoria fundamental da matemática, embora ela seja também usada, com maior ou menor propriedade, em outras ciências. O problema ocorre quando se emprega "a categoria quantidade para regiões da realidade não quantificáveis" (p. 319). Exemplo típico disso, aponta Delfim, são as tentativas de usar a categoria quantidade, nos estudos da psicologia humana (p. 269/270).

O resultado da redução categorial acima referida é o tratamento dos fenômenos psíquicos como se fossem coisas. Esta redução categorial ainda é prática entre muitos psiquiatras hoje em dia. Ao fazê-la, julgam poder lidar com o sofrimento psíquico com o uso exclusivo dos medicamentos, desqualificando as terapias verbais em nome de certo modelo de ciência. A psicanalista Inêz Lemos recorda as consequências desta redução categorial no artigo intitulado *O triunfo da ciência*. Ali afirma:

> A ilusão de que podemos resolver as angústias apenas com medicamentos apoia-se na última versão do DSM (Manual Diagnóstico e Estatístico dos Distúrbios Mentais), ao tornar-se única referência científica das doenças mentais e distúrbios psíquicos (p. 3).

O erro inverso consiste em explicar aspectos amplos da vida através dos fatos psíquicos.

De que tipo de ciência se fala no caso de reduções epistemológicas como a acima mencionada? Pergunta Michel

Foucault em seus estudos sobre a loucura. Será que os incômodos internos e a dor da existência podem ser resolvidos com drogas? No artigo citado, Inêz Lemos resume a resposta de Foucault do seguinte modo: "o biopoder ao se colocar como capaz de domar as pulsões apenas com drogas esquece que o desejo humano é maior que a sanha da psicofarmacologia" (idem, p. 3). A questão é muito mais ampla do que lembra a psicanalista e não se resume à abordagem das emoções como se fossem físicas, mas de tratar a própria existência como se também ela pudesse se reduzir a uma coisa. Karl Jaspers nos lembra, em sua *Psicopatologia Geral*, dos problemas decorrentes do que denomina preconceito somático e que consiste em "pressupor tacitamente que, como tudo é biológico, a realidade própria do homem é um processo somático. Conhece-se o homem quando se conhece somaticamente. Falar do psíquico é um recurso provisório e significa apenas um sucedâneo sem valor próprio de conhecimento" (p. 30). O que a história de vida dos partilhantes revela é que o que não é dito, que não pode ser expresso, cria choques na estrutura de pensamento, e muito sofrimento poderia ser evitado se os choques fossem observados e resolvidos. E há mais, enquanto pessoas, o clínico e o partilhante são companheiros de destino e estão desafiados cada qual a criar uma vida singular. Ambos passarão por determinadas situações comuns a todos os homens, adoecerão, morrerão, sofrerão. A forma como farão experiência disto é que pode mudar. A liberdade existencial escapa de um modelo de ciência elaborado sob inspiração da escola positivista.

A escola fenomenológica nos ensina a superar este modelo de ciência que se ancora no positivismo e em versões limitadas da ciência praticada no século XVIII. Estas últi-

III – TEMPORALIDADE, O HOMEM COMO PROJETO

mas limitações Karl Jaspers denomina, em *Iniciação Filosófica*, falso iluminismo. E o que propõe o falso iluminismo? Diz o filósofo:

> O falso iluminismo julga poder fundar sobre o entendimento todo o saber, vontade e ação, em vez de utilizar o entendimento apenas como via imprescindível para o esclarecimento daquilo que tem que lhe ser fornecido; absolutiza os conhecimentos sempre particulares do entendimento, em vez de os aplicar sensatamente ao domínio que lhes pertence; desencaminha o indivíduo, suscitando nele a pretensão de saber por si só e agir em função de seu saber, como se o indivíduo fosse tudo, em vez de se fundamentar na correlação viva de um saber renovado e fomentado pela comunidade; carece de sentido para a exceção e autoridade pelas quais a vida humana deverá se orientar (p. 82-83).

Um trabalho conjunto do filósofo clínico com o psiquiatra, psicólogo e outros profissionais de saúde demanda de todos um entendimento amplo do que é o homem e da impossibilidade de reduzi-lo a um único aspecto de sua existência, não importando a matéria de que é feito, o que se passa a sua volta ou os tópicos da Estrutura de Pensamento a que ele dá maior relevância.

Um trabalho conjunto no tratamento das alterações na percepção do tempo é fundamental para quem sofre e é ele que deve ser buscado pelos profissionais de saúde que lidam com a pessoa.

Considerações finais

A fenomenologia existencial descreve o modo humano de ser e identifica a temporalidade como aspecto distintivo dele. Nossa vida é diferente da dos outros seres porque mudamos o rumo das coisas e, quando projetamos mudanças, alteramos nosso próprio modo de ser. Esta é uma descrição que vale tanto para os indivíduos como para os grupos. Ordinariamente, nossa vida se passa vinculada a um grupo que tem regras socialmente reconhecidas e aceitas pela maioria de seus membros. Hoje vemos que nossa existência singular se liga à de todos os homens de muitas maneiras. Nosso desafio é construir a singularidade existencial sem confrontar os grandes desafios da comunidade humana em que se vive. A vida singular e as verdades de cada um são contornadas pelas verdades objetivas, aquelas que a comunidade à volta aceita.

A Filosofia Clínica aparece como um instrumento para compreender e organizar a historicidade das pessoas. Nela identifica a raiz dos choques presentes na estrutura de pensamento de cada um e organiza um planejamento clínico para superá-los. Esta historicidade significa que o homem depende do caráter intencional da consciência para entender como ele se relaciona com o que está a sua volta. É como sujeito temporal que sua existência se manifesta, é por ela que a vida é uma abertura ou um poder ser. O sentido desta abertura, como indicamos no capítulo, é uma abertura ao futuro, que não deixa de considerar o que do passado se faz presente, e o próprio presente, que é a forma como as coisas aparecem na consciência num dado momento. A fenome-

III – TEMPORALIDADE, O HOMEM COMO PROJETO

nologia existencial nos mostrou que a existência é dividida pelo tempo. A temporalidade aparece ao sujeito como medida do movimento e é também o que possibilita o ato de pensar. O ato de pensar ocorre no tempo, e é na evidência de cada momento que o conhecimento do eu se manifesta.

Temos também de considerar que a historicidade é um instrumento clínico de grande eficácia, mas que não revela todos os aspectos da existência humana, pois a existência do sujeito singular será sempre uma jornada aberta. É isto o que fenomenólogos como Karl Jaspers querem dizer quando se referem à existência dos indivíduos singulares como uma forma de articulação do englobante.[2] Há outro aspecto que aponta para a singularidade existencial e seu caráter intangível: olhados como membros de uma comunidade temporal, os indivíduos estão em relação entre si, mas, dentro da própria pele, cada qual é um mundo único e espontâneo.

---

[2] Para Karl Jaspers (1987), o englobante é "aquilo que apenas se anuncia no que é pensado. É aquilo que não surge, mas onde tudo o mais surge" (p. 29). Assim a existência é, por conta de suas possibilidades ilimitadas, impossível de ser fechada numa definição quando considerada em si mesma. No entanto, quando olhado como objeto de estudo, o homem pode ser descrito. O filósofo explica esta diferença um pouco adiante: "De fato o homem é acessível a si próprio numa dupla modalidade: enquanto objeto de investigação e enquanto existência de uma liberdade inacessível a qualquer estudo" (p. 59).

Bibliografia

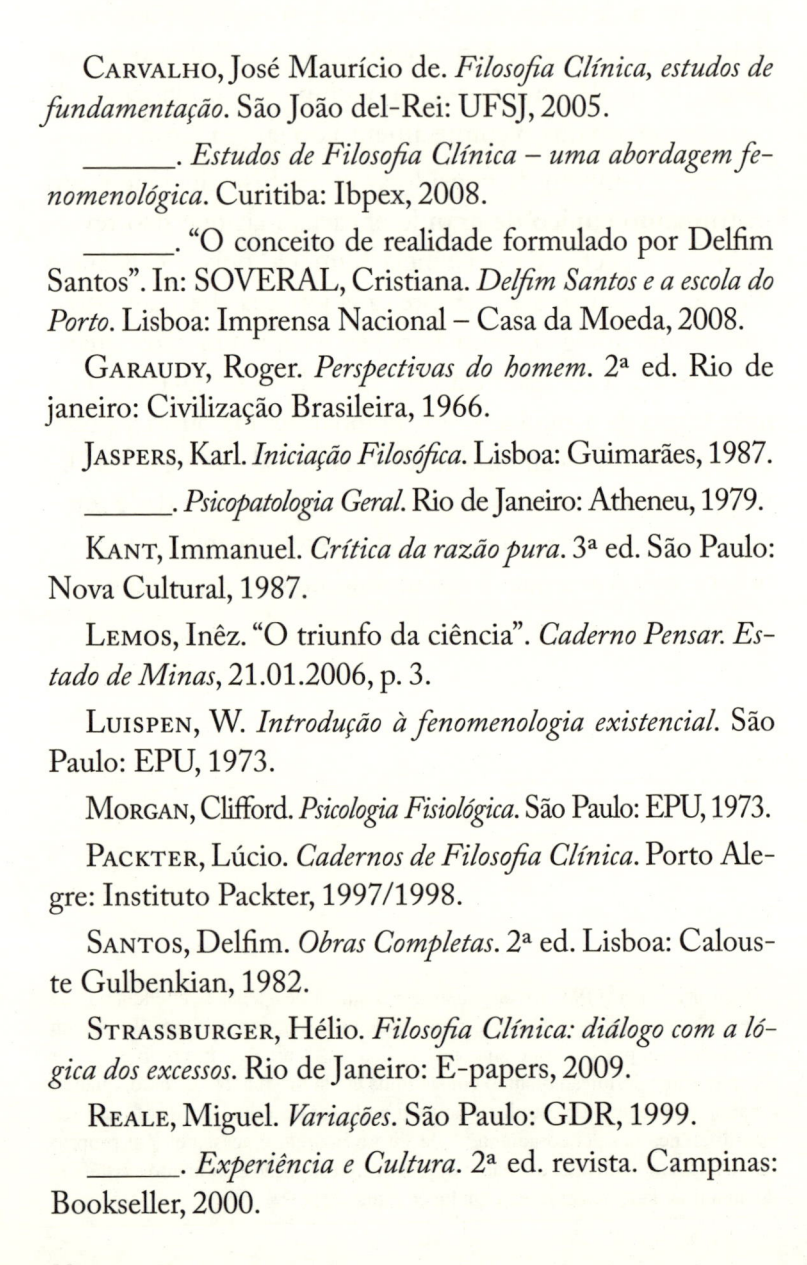

CARVALHO, José Maurício de. *Filosofia Clínica, estudos de fundamentação*. São João del-Rei: UFSJ, 2005.

_____. *Estudos de Filosofia Clínica – uma abordagem fenomenológica*. Curitiba: Ibpex, 2008.

_____. "O conceito de realidade formulado por Delfim Santos". In: SOVERAL, Cristiana. *Delfim Santos e a escola do Porto*. Lisboa: Imprensa Nacional – Casa da Moeda, 2008.

GARAUDY, Roger. *Perspectivas do homem*. 2ª ed. Rio de janeiro: Civilização Brasileira, 1966.

JASPERS, Karl. *Iniciação Filosófica*. Lisboa: Guimarães, 1987.

_____. *Psicopatologia Geral*. Rio de Janeiro: Atheneu, 1979.

KANT, Immanuel. *Crítica da razão pura*. 3ª ed. São Paulo: Nova Cultural, 1987.

LEMOS, Inêz. "O triunfo da ciência". *Caderno Pensar. Estado de Minas*, 21.01.2006, p. 3.

LUISPEN, W. *Introdução à fenomenologia existencial*. São Paulo: EPU, 1973.

MORGAN, Clifford. *Psicologia Fisiológica*. São Paulo: EPU, 1973.

PACKTER, Lúcio. *Cadernos de Filosofia Clínica*. Porto Alegre: Instituto Packter, 1997/1998.

SANTOS, Delfim. *Obras Completas*. 2ª ed. Lisboa: Calouste Gulbenkian, 1982.

STRASSBURGER, Hélio. *Filosofia Clínica: diálogo com a lógica dos excessos*. Rio de Janeiro: E-papers, 2009.

REALE, Miguel. *Variações*. São Paulo: GDR, 1999.

_____. *Experiência e Cultura*. 2ª ed. revista. Campinas: Bookseller, 2000.

IV – SINGULARIDADE EXISTENCIAL E FILOSOFIA CLÍNICA

Considerações iniciais

Uma das referências mais importantes que nos legou a escola fenomenológica é o reconhecimento da configuração única da subjetividade humana. Isto significa que cada homem percebe o mundo de um jeito próprio, ainda que possa construir uma estratégia para compartilhar com outros seu entendimento da realidade. Realidade é aqui entendida como o que aparece na consciência e que no mundo resiste a minha presença. Um dos aspectos mais importantes da fenomenologia é mostrar que vemos o mundo numa perspectiva própria e que as criações conjuntas são obras intersubjetivas que atendem a determinadas regras existentes na cultura. Há regras para fazer ciência; filosofia, para entrar num clube ou seguir certas religiões.

O sujeito é único, mas ele vive sob tensão, porque, enquanto se ocupa de si, está em contato com o que o ultrapassa. Isto que nos envolve pode ser percebido como uma segunda pele (cultura) ou como um desafio (natureza). A natureza se estende a todo o cosmo, do qual a Terra, enquanto planeta, é uma parte ínfima. A totalidade do cosmo não pode ser objeto de entendimento, mas a totalidade que não é objetivável está cheia de objetos que podem. O conhecimento e a percepção do mundo aparecem sob diferentes tipos de objeto na consciência e são compartilhados no espaço da cultura pela comunicação em geral e, mais especificamente, na Ciência, Filosofia, Arte e Religião. O entorno do homem pode ser examinado de muitos modos, mas parece que a maneira mais ampla de se referir ao que ultrapassa a consciência individual é pensá-la como um produto da cultura.

A existência se dá em meio às coisas e à própria condição íntima, o que significa que viver é experimentar várias situações, além de agir atuando sobre o entorno. O mundo aparece na consciência como um fenômeno e Edmund Husserl esclareceu o significado disto. Há modos como as coisas aparecem; a relatividade das perspectivas dos diversos sujeitos e as estratégias para se conseguir objetivar as experiências são um desafio a ser vencido.

A condição humana é fundamentalmente uma visão singular de mundo que a Filosofia Clínica reconhece nas infinitas possibilidades de combinação dos tópicos da Estrutura de Pensamento (EP). Tratar a singularidade existencial na Filosofia Clínica é uma continuação do reconhecimento da condição espaço-temporal da existência, que é uma das razões da singularidade. Neste sentido, o que propomos neste capítulo decorre do que dissemos nos dois. Vamos mostrar o que significa considerar a existência humana como coisa singular e depois pensá-la situada num entorno. Esta indicação que a fenomenologia existencial nos legou é expressa na filosofia clínica com a indicação da singularidade existencial relacionada com as categorias.

IV – SINGULARIDADE EXISTENCIAL E FILOSOFIA CLÍNICA

1. A existência humana é um mundo único

Quando estudamos nos capítulos anteriores que o homem tem, na circunstância espaço-temporal, um aspecto fundamental de seu modo de ser, deixamos aberto o caminho para considerar que cada pessoa é única também pela forma como ela se relaciona com o que a cerca. Ela está em certo ponto do espaço, integra uma cultura, vive em certo momento do tempo – todos elementos que contribuem para que ela seja única. No entanto estes aspectos não são tudo; a carga genética, suas experiências, sua estrutura de pensamento também atuam para individualizá-la. Sua vida é pautada nas escolhas que fez e faz a partir dos elementos que a singularizam. Na última das cinco categorias da Filosofia Clínica, chamada de relação, o filósofo clínico busca compreender como as informações anteriores se unem para formar um mundo singular. Explica Lúcio Packter no *Caderno A* (1998): "aprendemos, em resumo, que, ao viver, cada pessoa cria um modo íntimo de se relacionar com as coisas, o que inclui a relação com ela mesma" (p. 39).

A estrutura de pensamento é a síntese de um mundo singular. A Filosofia Clínica "descreve o mundo da pessoa a partir das estruturas que ela privilegia" (p. 24). O clínico a observa como uma composição singular entre as muitas possibilidades que a EP pode assumir. Mundo único em permanente mudança, embora seja captado num dado momento da história do partilhante. O existente é um mundo singular também pela forma como experimenta os choques íntimos, pelo modo como destaca os tópicos de sua EP e como emprega os submodos para dar encaminhamento a sua vida.

Como a Filosofia Clínica explica a singularidade existencial? De modo resumido, diz Lúcio Packter no mencionado *Caderno*:

> Amamente dez crianças de um modo igual, dê a elas dez mil experiências iguais – sob qualquer enfoque que você possa imaginar –, cuide ainda para que tenham exatamente as mesmas experiências durante muitos anos... e, mesmo assim, caso tal coisa seja possível, cada uma dessas crianças terá uma leitura singular do mundo! Ou seja, cada um de nós vivencia à sua maneira o barro e o ar deste mundo, o que é lindo ou feio a um pode ser feio ou mais lindo ainda a outro. Igual, bem igualzinho, isso eu sei que não será de jeito nenhum, fora algum caso aqui e ali que servem exatamente para confirmar o que estou afirmando. Por que é assim? Por muitas razões, algumas determinadas e outras apenas insignificantes: do clima à comida, cada pessoa em cada circunstância encontrará coisas que lhe serão importantes ou não. O filósofo pesquisará junto à pessoa, se quiser entender mais sobre isso (idem, p. 15).

A singularidade existencial é reconhecida na clínica filosófica através da composição assumida pela estrutura de pensamento. A configuração é única pela forma como se combinam os trinta e três tópicos que a compõem. O exame dos tópicos faz a atenção do clínico dirigir-se para cada aspecto da EP, mas a singularidade existencial só se nota quando se olha o todo. Lúcio Packter observa no *Caderno G1* que, "quando a pesquisa se destina à estrutura, a ênfase se desloca rapidamente das partes ao conjunto" (p. 2).

IV – SINGULARIDADE EXISTENCIAL E FILOSOFIA CLÍNICA

A configuração da EP pode adquirir qualquer forma por conta da prevalência de alguns tópicos e das combinações que formam. A clínica identifica algumas dificuldades que surgem na hora de examiná-la em conjunto. São estes os principais problemas elencados: 1. alguns tópicos adquirem tanta importância que podem se confundir com o todo; 2. é difícil notar-se os limites desta estrutura; ou 3. quando é problemático perceber como o indivíduo se relaciona com a circunstância. A vida humana se dá em uma situação, ensina-nos a fenomenologia existencial. Em contextos diferentes, a pessoa pode se comportar de modo diferente, porque nele os tópicos atuam de maneira especial. Algumas características gerais só ocorrem num dado contexto; em outra realidade, um tópico atua com mais intensidade e muda o perfil geral da EP.

2. A singularidade existencial captada pela filosofia clínica

Singularidade existencial significa que somos um mundo particular e este mundo se organiza com regras próprias. Os componentes da EP adquirem uma configuração única pela forma como os tópicos se organizam, pela maneira como se relacionam com eles mesmos e com os demais. Finalmente, também será singular a maneira como este conjunto plástico, pois está em mudança permanente, relaciona-se com seu entorno.

A Filosofia Clínica é uma técnica para ajudar as pessoas e grupos a viverem sem conflitos na estrutura de pensamento. Em certo sentido, empresas e instituições também têm uma

EP que pode ser examinada de modo parecido com a de um indivíduo. Através de procedimentos já validados, o clínico levanta a historicidade da pessoa, é necessário conhecê-la bem para fazer um planejamento clínico de como irá atuar. Historicidade é o nome dado ao processo pelo qual ele colhe os dados categoriais e identifica os tópicos da EP. Para fazer bem esta tarefa, é importante estabelecer uma relação pessoal de interesse mútuo, de confiança recíproca e colaboração. O mundo do partilhante é captado na interseção. A interseção é a forma como se processa o relacionamento humano em geral, incluída a maneira como o filósofo clínico se relaciona com o partilhante. Ela pode ser principalmente boa (ou positiva) ou ruim (ou negativa). Existe também a interseção confusa, nome dado à relação que a pessoa não sabe classificar, com certeza, se ela é boa ou ruim, e a interseção indefinida, quando ela parece ser ora boa, ora ruim. Note-se que a interseção é uma experiência vivida pelos agentes de forma singular, podendo-se admitir que, ainda que algo seja experimentado como bom por alguém ou uma instituição, poderá ser avaliado como muito ruim por outros. A clínica mostra que a interseção é fundamental, embora não baste para assegurar o sucesso da clínica, pois o êxito depende também do correto manejo da técnica.

Como dissemos, o filósofo clínico principia sua investigação fazendo um levantamento da história de vida da pessoa, isto é, colhendo sua historicidade. No início do relato, ele evita interferir no modo como o partilhante se apresenta, ele o deixa com liberdade para contar sua história. Entre os filósofos clínicos, esta atitude de coleta das informações da história de vida com a menor interferência possível é denominada agendamento mínimo. Enquanto faz o levanta-

IV – SINGULARIDADE EXISTENCIAL E FILOSOFIA CLÍNICA

mento da historicidade, o clínico unicamente estimula que a narrativa não seja interrompida. O levantamento da historicidade demora várias sessões, em média são seis encontros. Frequentemente, o relato não revela ordem cronológica; o partilhante conta uma parte do que viveu, retorna ao passado do relato e, depois, salta para o futuro. Suas lembranças vão surgindo espontaneamente e os casos relatados ativam sua memória e vão se ligando de modo singular. Pode ocorrer que, se a pessoa tiver de contar novamente sua história de vida, ela organize suas experiências e um outro modo. O encadeamento dos fatos forma uma teia particular que não respeita a ordem em que aconteceram. Depois das sessões para o levantamento da historicidade, o clínico ordena cronologicamente aquilo que o partilhante lhe contou desordenadamente. Seu objetivo é formar uma história sem saltos temporais ou lógicos para que a vida da pessoa apareça da forma mais completa, coerente e ordenada possível. Nesse momento inicial do tratamento, o clínico fica especialmente atento aos saltos temporais e à descrição do problema ou do assunto que levou a pessoa a procurá-lo. Este assunto que motivou a consulta é chamado de assunto imediato. Nem sempre ele é o problema central do indivíduo ou de suas dores mais importantes. Ocorre mesmo o contrário, o mais comum é que outros sejam os elementos que provocam os choques mais significativos em sua estrutura de pensamento. O assunto imediato é, contudo, apenas o que o incomoda naquele instante inicial do tratamento ou, em outras palavras, é o nome da dor que se sente mais forte no início da clínica.

A construção da historicidade pode contar com a colaboração de outras pessoas. Isto ocorre quando o indivíduo é criança muito nova ou quando quem o acompanha pode oferecer dados importantes sobre a vida do partilhante. Todas estas informações precisam ser verificadas e confirmadas, não devendo ser tomadas como verdades *a priori*. Normalmente, contudo, é o próprio indivíduo a fonte de sua história.

Passada a fase inicial em que o clínico escuta a história de vida da pessoa e dos motivos que a levaram ao consultório, procurará entender os fatos que marcam sua história de vida. A existência relatada começa devagar a ganhar unidade; fatos aparentemente desconexos são relacionados e ganham certo sentido no mosaico dos acontecimentos vividos. O desafio do clínico é construir a história de vida da forma mais completa possível, para isso ele precisará conhecer como a pessoa percebe o entorno, como reage a ele, como se comporta diante das dificuldades, como avalia o que se passa com ela e com os outros. Enfim, é como fazer uma radiografia comportamental. Como proceder quando o relato que anotou está cheio de saltos e os fatos experimentados parecem fragmentados e descontextualizados? O que fazer quando ele não sente que possa conhecer a pessoa com o material que reuniu? A estratégia é dividir o relato em partes e procurar saber o que ocorre nos saltos. Quanto mais confuso e sintético for o relato inicial, mais importante é descobrir o que ficou fora dele. A prática mostra que muitas vezes é preciso fazer seguidas divisões, além das planejadas inicialmente, para completar a história. Ao fazê-las, respeitando o tempo e o modo como o sujeito faz o relato, o clínico evita direcionar o relato do partilhante.

O relato se completa com o preenchimento dos dados divisórios, mas, mesmo depois que o partilhante completou suas informações, pode lhe parecer que a história continua confusa e lacunosa. A partir de um determinado ponto, vai ficando claro que a pessoa evita certos períodos ou passa por eles muito rapidamente, de forma intencional. Nestes casos, a pessoa pode estar com dificuldades, e o melhor é não insistir, pelo menos na etapa inicial do tratamento. Quando o enraizamento tem sucesso, fica claro o que a pessoa quer dizer e o que viveu nos períodos inicialmente não contados. Nesta fase, o partilhante dificilmente consegue estabelecer relações entre suas experiências, cabe ao clínico identificá-las e investigar sua pertinência. Concluído o levantamento da historicidade, o próximo passo é colher os dados categoriais. Na clínica, este passo tem por objetivo descobrir a forma como a pessoa se relaciona com seu entorno. Este é um aspecto fundamental que a fenomenologia descobriu, a subjetividade não é abstrata nem ocorre fora de um contexto; ao contrário, o sujeito está inserido em certa situação e ela aparece em sua consciência como o mundo da vida.

Para continuar sua atuação, o clínico irá se debruçar sobre o material recolhido, as gravações (se elas foram feitas), anotações, sua própria lembrança dos fatos. Trabalhando sobre este material, o clínico procurará entender como a pessoa se relaciona com o entorno. Neste momento é preciso observar não somente o que foi dito, mas o modo como o relato foi feito.

3. Circunstância e situação, o entorno da subjetividade

A vida singular ocorre em meio a coisas e pessoas diferentes, tendo contorno próprio. A Filosofia Clínica capta a história de vida do partilhante principalmente pelas categorias circunstância, lugar e tempo. Através da primeira, deseja-se descobrir os acontecimentos da história pessoal, quais as possibilidades que a sociedade oferece à pessoa, aos costumes do grupo a que ela pertence, às condições de vida que tem.

A investigação sobre o entorno ao eu avança com a categoria lugar. Através dela, afirma Lúcio Packter no *Caderno A*: "mensuramos como a pessoa se sente (portanto suas sensações) e o que ela pensa (a representação mental, intelectiva, que ela criou para si mesma a propósito do ambiente onde está inserida)" (p. 30). A relação com o lugar nos coloca diante da questão da corporalidade. A inserção no espaço se dá através do corpo, ainda que a representação possa também ter uma manifestação diversa, conforme mostramos quando tratamos os deslocamentos longos e curtos. A presença no mundo é concretizada com um corpo com o qual tocamos as coisas e as percebemos. O corpo da pessoa possui para ela um significado próprio. O clínico deve observar que significado é este, esclarece Lúcio Packter:

> Se a pessoa se move com liberdade ou com dificuldade de expressão, se apresenta um corpo devastado por moléstia e ocupações da mente com assuntos polutos, se há confirmação do corpo às assertivas verbais, qual a qualidade da relação com o ambiente, enfim, se é onde a alma está encarcerada (Platão) ou se é justamente o meio que nos liberta para a confortável alegria de apenas viver (idem, p. 32).

O que foi dito permite estabelecer a seguinte definição para lugar: "é o modo sensorial de ser da pessoa em cada

IV – SINGULARIDADE EXISTENCIAL E FILOSOFIA CLÍNICA

endereço da categoria anterior, circunstância" (idem, p. 33). Em outras palavras, o espaço mostra a posição da pessoa no mundo.

Por meio da categoria tempo, o clínico espera identificar como a pessoa vive o confronto entre o tempo objetivo e o tempo subjetivo, cuja diferenciação foi feita no capítulo anterior. E este tempo, no qual há algo de cultural, confere certo perfil à circunstância? Parece que sim. As pessoas são únicas, mas vivem em sociedades temporais, são membros da sociedade ocidental no início do terceiro milênio da era cristã e têm características específicas deste tempo.

Como se caracteriza este tempo da cultura? É um período em que a angústia pelo fim da humanidade migrou da preocupação atômica para os riscos ecológicos. O medo da extinção da vida na Terra, através de uma guerra nuclear, não parece tão próximo como é hoje o sofrimento crescente por conta dos riscos ambientais. Os problemas econômicos são a cada dia mais globalizados, uma dificuldade que se instala em alguma região do planeta logo se transporta para outros lugares com incrível velocidade. A fragilidade desta ordem econômica se revela em cada crise, como a que se instalou no final de 2008 e cujos reflexos ainda percebemos. Se os sistemas totalitários entraram em maré baixa neste novo milênio, o terror e a guerra continuam presentes, ainda que bem localizados em regiões do planeta. Ainda é comum a notícia de que bombas explodem em lugares públicos, matando centenas de pessoas na Índia, Afeganistão e Iraque. Quanto à violência em geral, alcança a todos de outro modo: os grupos que controlam o tráfico de drogas, as brigas de trânsito, a explosão incontida nas famílias em que filhos matam pais e estes matam filhos, os alunos que trucidam e perseguem professores. Um tempo no qual as famílias já não são como antes, os papéis de marido e mulher não estão perfeitamente definidos, a mulher busca mais autonomia e liberdade, os laços familiares se desfazem e são refeitos com novas uniões. Todos estes elementos deste tempo, que se chama hoje, aparecem de algum modo na clínica. Eles formam o pano de fundo da historicidade do indivíduo que se insere numa sociedade que também é histórica. Não importa, se estas dificuldades mudarem, novos desafios emergirão no horizonte da cultura e, a eles, o filósofo clínico precisa estar atento.

Fizemos menção às características da sociedade neste início do terceiro milênio porque elas são especialmente importantes para o filósofo clínico. As relações afetivas estão mudando, as famílias não são mais as mesmas, o namoro e o contato entre pais e filhos também não. Levar adiante a própria singularidade existencial deixou de merecer atenção das pessoas e da sociedade, que valorizam a impessoalidade. Este fenômeno não é de hoje, ele começou no século passado e parece que permanecerá durante algum tempo mais. O filósofo espanhol José Ortega y Gasset referiu-se a ele como um tempo de massas. O conceito orteguiano homem massa descreve o indivíduo satisfeito com o que dispõe na sociedade, que não faz nada para ser melhor, que não se esforça por nada e que, sabendo um pouco de quase nada, sabe nada de quase tudo. Sobre esta ignorância diplomada, que é típica da sociedade de massa, Inêz Lemos comenta no artigo "O que deixar aos filhos": "De um engenheiro que hoje leciona matemática ouve-se: essa coisa de matérias pedagógicas, para nós, profissionais da matemática, é uma bobagem, perfumaria" (p. 3). O homem massa é o cultor deste saber espe-

IV – SINGULARIDADE EXISTENCIAL E FILOSOFIA CLÍNICA

cializado que o torna um novo tipo de bárbaro, um sujeito sem compromisso com sua singularidade e que não realiza aquilo que fundamentalmente é: um mundo único. Sem se conhecer, sem se perceber como verdadeiramente é em sua intimidade, ele vive uma vida que não é própria e que Ortega y Gasset denominava inautêntica. Arlindo Gonçalves explica o papel deste homem sobre o qual discorre Ortega y Gasset, este ente que abdica de sua singularidade para ser como todo mundo. Ele afirma (2009):

> Para Ortega y Gasset, o homem massa estaria representado por um certo homem que emerge no século XX, e o que nos interessa em particular é o seu aspecto moral que expressa um paradigma de inautenticidade. O homem massa é o modelo do viver impessoal e que se define nas relações com o outro, com todo mundo, com a história, ou seja, com a sua circunstância (p. 17).

O que Ortega y Gasset não problematiza é o sofrimento deste novo bárbaro. Ele não apenas está afastado de sua singularidade existencial, mas ele sofre por conta de sua inautenticidade, porque ser o que não é provoca dor e choques na estrutura de pensamento. A homogeneização do que é diferente não é fácil de ser efetivada, ela implica a anulação da vida pessoal. O indivíduo que não está atento a sua singularidade não tem claras as implicações de uma vida única, ele não consegue precisar o que gosta e o que pensa das coisas. As observações de Ortega y Gasset mostram que o processo de despersonalização já está instalado há algum tempo e que só tem crescido nas últimas décadas. Ortega y Gasset constata que nossa sociedade despersonaliza os indivíduos e mascara sua singularidade. Num mundo de grande tecnologia, há um modo padrão de comportamento homogeneizado que não considera o íntimo dos indivíduos. O que Ortega y Gasset quer dizer é que o esquecimento de nossa interioridade nos faz viver uma existência que não é própria do indivíduo. Vejamos um exemplo do que está ocorrendo: o sujeito é chamado a viver sua sexualidade sem aproximá-la das emoções, ou sem situá-la no contexto geral da vida. Poderá fazê-lo, mas se o tópico emoções marcar sua EP ou se o tópico busca for marcante em sua estrutura de pensamento, ou, ainda, se ele pensar a si por meio de raciocínio abstrato; seja lá de que modo for, este indivíduo estará perdido de si mesmo se não viver as experiências sexuais a seu modo. Certo tipo de vida pode ser bom para uns, mas não o será para os demais.

A Filosofia Clínica contribui para ajudar a pessoa a viver o que ela é, a experimentar mais intensamente os sentimentos ou o pensamento abstrato segundo sua estrutura de pensamento. Cada sujeito fará da forma como se sentir melhor. Nossa época permite que as pessoas tenham experiências mais livremente, mas cada pessoa as viverá bem se o fizer de seu próprio modo.

E quanto às mudanças que estão ocorrendo no universo social, elas afetam o sujeito? Cada um as perceberá diferentemente, mas as mudanças sociais fazem parte de uma nova circunstância própria de um tempo que afeta todos os contemporâneos. Há uma organização social engendrada a partir da sexualidade, e isto toca os homens que vivem este período. Muitas possibilidades estão aparecendo, como a viverão homens e mulheres? Ainda que sejamos diferentes, necessitamos nos sentir amados e acolhidos para sermos felizes?

IV – SINGULARIDADE EXISTENCIAL E FILOSOFIA CLÍNICA

A esta questão respondemos afirmativamente. Além disto, toda sociedade possui regras e valores objetivos dos quais não temos como prescindir sem sofrer algum tipo de sanção. A sexualidade tem elementos fisiológicos, mas incorpora valores, obedece a uma moral do grupo, à vezes até uma moral religiosa. Pode ocorrer que até aspectos políticos afetem o comportamento sexual, mas cada uma destas variáveis terá peso distinto nas diferentes estruturas de pensamento. Contudo, sempre haverá elementos mais ou menos comuns entre os membros de uma dada sociedade em certo tempo.

As mudanças de nosso tempo que alteram o comportamento sexual afetarão a vida das pessoas? Com certeza, mesmo que não o façam de maneira uniforme, mudanças ocorrerão. Diversos terapeutas notaram que a sexualidade mais livre de nosso tempo afeta a experiência do amor das pessoas, cuja intimidade implica outros aspectos além do ato sexual. No artigo "Transformações do desejo", a psicanalista Inêz Lemos faz uma afirmação que parece válida para todos que se ocupam de ajudar pessoas que sofrem dores na alma. Ela diz:

> O encontro amoroso é orientado pelo nosso passado, ele que nos conduz à rota de sedução. Sempre partimos do que vimos, ouvimos e sentimos ao longo de nossas vidas. Aprendemos a amar com aqueles que nos amam e educam. São eles que nos subjetivam, nos singularizam (p. 3).

O que a autora diz é que construímos a singularidade existencial a partir de nossas experiências e que elas dependem de coisas que transcendem as fronteiras de nossa pele. Entender como se forma a singularidade existencial é fundamental para o clínico, e a técnica que este dispõe precisa ser inserida neste contexto amplo em que vive o partilhante.

Outra mudança importante de nossos dias e que afeta o comportamento é a mudança no perfil da autoridade na família, na escola e nas instituições em geral. Não se trata de mudança na forma da interseção, para a Filosofia Clínica ela é positiva, negativa, confusa e indefinida, segundo for experimentada pelos indivíduos de um dos quatro modos. No entanto, a forma de autoridade vivida em nosso tempo tem algo de própria. As relações institucionais são hoje em dia mais horizontais, até pouco tempo eram claramente verticais. Pais, professores, religiosos e autoridades civis não se apresentam como autoridades. Esta mudança não é boa ou má em si, pode favorecer ou não a interseção, mas ela é real. As autoridades encontram-se perdidas sem saber o que fazer com este novo papel, como orientar ou colocar limites em filhos, alunos, fiéis e cidadãos. Sobre esta mudança na organização social, o psicanalista Jean Pierre Lebrun fala de sua experiência europeia, que, neste aspecto, não é diferente do que temos vivido no Brasil. Ele diz em entrevista concedida à Revista *Veja*, edição 2142:

> A mudança é visível. Na Europa, por exemplo, quando um professor dá nota baixa a um aluno, é certo que os pais vão aparecer na escola no dia seguinte para reclamar dele. Há vinte, trinta anos, era o aluno que tinha de dar explicações aos pais diante do professor. É uma completa inversão. Posso citar outro exemplo. Desde sempre, quando se levam os filhos pela primeira vez à escola, eles choram. Hoje em dia, normalmente são os pais que choram.

IV – SINGULARIDADE EXISTENCIAL E FILOSOFIA CLÍNICA

A cena é comum. É como se esses pais tivessem continuado crianças. Isso acontece porque eles não são capazes de se apresentar como a geração acima dos filhos. É uma consequência desse novo arranjo social, em que os papéis estão organizados de forma mais horizontal (p. 24).

Uma característica deste tempo de relações de autoridade mais frágeis é o afrouxamento das normas, e este fato aumenta as ações violentas dentro das famílias, na escola e na sociedade em geral. Causa sempre espanto e tem acontecido com certa regularidade a cena de estudantes sendo alvejados nas escolas e universidades americanas por colegas mal-ajustados. Maria Thereza Waisberg, em *Fumaça de Auschwitz*, lembra como paradigma deste tempo de regras frouxas o episódio do austríaco Josef Fritzl, que ocupou a mídia do mundo inteiro. Ele encarcerou, violentou e teve várias crianças com a filha Elizabeth. Eis como ela relata o episódio:

> Segundo a promotora que julga o caso, Elizabeth vivia em condições tão precárias que precisava caçar ratos com as mãos para defender os filhos. Três de seus filhos foram gestados em nove anos. Entre os sete filhos, frutos da relação incestuosa, três passaram a vida no porão sem ter direito à luz do dia. Ao nascer, um dos filhos morreu por falta de atendimento médico. Três outros, cujo aparecimento foi simulado como abandono na porta da casa da família, foram criados pela avó Rosemarie (p. 3).

Ainda que o acontecido revele aspectos incompreensíveis da sociedade austríaca, que não investigou a origem das crianças adotadas por Fritzl, nem o desaparecimento da jovem Elizabeth, o que nos interessa observar aqui é o comportamento do pai. O filósofo clínico não irá condená-lo, mas compreendê-lo. Ele necessita ser tratado a partir dos choques em sua estrutura de pensamento que contribuíram para seu comportamento violento e pouco comum. É claro que se o clínico tivesse ciência dos fatos antes deles virem a público precisaria informar as autoridades, pois o respeito ao silêncio diante das dores do partilhante não significa fechar os olhos para os crimes que ele possa cometer ou já esteja cometendo. A ética do filósofo clínico o obriga ao sigilo enquanto a vida do partilhante ou de terceiros não esteja em risco.

O psiquiatra Francisco Barreto é outro terapeuta que comenta o resultado do afrouxamento das regras em nosso tempo. No artigo "O proibido e o obrigatório", ele afirma: "Os ideais culturais, da mesma forma, têm poderosa influência aglutinadora. Se entram em declínio, ou mesmo em queda livre, é preciso que outros meios sejam mobilizados para a tarefa de conciliar o homem com a cultura" (p. 6). Assim, a violência que assistimos nas cidades brasileiras não tem origem somente nas favelas ou nos narcotraficantes. Ele explica: "a ruptura do tecido social é uma só, esteja onde estiver. Quem acusa os narcotraficantes não deve se esquecer de que quem compra as drogas para sustentá-los é a classe média e os mais favorecidos" (idem, p. 6). A isto se somem a corrupção das autoridades, as propinas, o clima geral de impunidade. A falta de respeito às regras culmina na violência e no rompimento do tecido social. Em síntese, o problema é de toda a sociedade e está associado à tolerância excessiva da sociedade com a autoridade frouxa. Todo este clima afeta a vida particular de cada pessoa, de modo que a singularidade existencial não implica fechar os olhos às circunstâncias que tipificam nosso tempo.

IV – SINGULARIDADE EXISTENCIAL E FILOSOFIA CLÍNICA

A estes problemas acima enumerados, somem-se a falta de atenção às dores contemporâneas e a despreocupação com o autoconhecimento, tema do livro *Hell and Bubble gun*, da jovem parisiense Lollita Pille. Ambas as coisas afetam a vida autêntica. Inêz Lemos comenta o livro no artigo "Luxo e Tédio", em que lembra que a jovem critica o mundo dos VIPs na França, dizendo: "temos um cartão de crédito no lugar do cérebro, um aspirador no lugar do nariz e nada no lugar do coração" (p. 3). Quando a sociedade ajuda a pessoa a distrair-se de si, desestabiliza a estrutura de pensamento e potencializa os choques no interior dela. Isto não ocorre em todos do mesmo modo e há quem escape desta circunstância, comenta a terapeuta: "Em alguns jovens o eu irrompe e faz rasgos. Rasgos que culminam em obras de arte. É quando produzem subjetividades inusitadas. Imagens que metaforizam a pobreza ética e estética da sociedade em que vivem" (idem, p. 3). A singularidade existencial é um desafio para quem vive num tempo que não estimula as pessoas a compreenderem a própria subjetividade e levar a vida respeitando os próprios limites.

É nesse período histórico que atualmente vivemos e que estamos desafiados a edificar uma vida única. Vencer os desafios que nos impedem de viver uma existência singular é tarefa fundamental em nosso tempo. O clínico identifica os contornos da singularidade existencial a partir das categorias: *assunto imediato* ou o que levou a pessoa à clínica; *circunstância* ou a situação em que ela se encontra; *lugar* ou o modo sensorial de ser da pessoa na circunstância; *tempo* ou o modo como a pessoa experimenta suas mudanças; e *relação* ou o fato de que vida singular é experimentada em meio a outras igualmente únicas.

4. Os tópicos da Estrutura de Pensamento

Depois de entender como a pessoa se relaciona com o entorno, o filósofo clínico procurará descrever a forma como ela conhece, sente, percebe, vivencia o que se passa com ela. Este modo singular de existir aparecerá nos tópicos da Estrutura de Pensamento. A estrutura de pensamento não é fixa, mas plástica. Isto significa que ela vai se ajustando ao longo da vida. Ela viverá choques internos, mas os experimentará dinamicamente. Entender a estrutura de pensamento é perceber como a pessoa está num dado momento, identificar os tópicos mais importantes e os eventuais conflitos.

A filosofia clínica descreve a singularidade existencial a partir de trinta tópicos estruturais de sua malha intelectiva. A consciência entendida é um campo de estruturas que formam sistemas; ou melhor, composições singulares que se organizam no decorrer da vida de cada um. Tópicos não são estruturas fechadas, e Lúcio Packter expressa seu entendimento em dois deles: *Singularidade existencial* e os dados da *Matemática simbólica*. Como se pode notar, essa noção de estrutura de pensamento se opõe à forma lógico-matemática porque possui caráter histórico, como percebeu Jean Piaget. Essa noção de estrutura, conforme Ey, Bernard e Brisset, vem da escola fenomenológica. Eles escreveram em seu *Tratado de Psiquiatria*: "só pode ser uma teoria ou um conceito operacional de construção ontogênica, e precisamente no sentido que se constitui, particularmente, o estruturalismo alemão a partir da Aktpsychologie e da psicologia intencional (Dilthey, Brentano etc.)".

Não iremos aprofundar o que aparece em cada tópico, pois isto já foi tema dos livros *Filosofia Clínica – estudos de*

IV – SINGULARIDADE EXISTENCIAL E FILOSOFIA CLÍNICA

fundamentação e *Estudos de Filosofia Clínica* – *uma abordagem fenomenológica*. O que mostraremos, a seguir, é como a singularidade existencial se desenha nos tópicos. Embora em número restrito, a combinação quase infinita deles, por conta de seus destaques e choques, mostra que servem para traduzir a singularidade existencial, como observamos em *Estudos de Filosofia Clínica*:

> Assim compreendidos ficamos sabendo que eles contêm uma outra abertura voltada para dentro de cada tópico que completa aquela primeira abertura representada pelos dois tópicos anteriormente mencionados. Esta ausência de fechamento confere à matéria o caráter de estratos de que fala a fenomenologia, ainda que destinada a descrever não todo o real, mas alguns aspectos do jeito existencial da pessoa. Os fenomenólogos já chamaram atenção para isto, conforme afirmamos: "há diferentes formas de existência e nem tudo quanto é real existe do mesmo modo" (p. 26).

Os trinta tópicos poderão aparecer na estrutura de pensamento da pessoa. Cada tópico deve ser olhado quanto ao assunto imediato, dado padrão e dado atualizado. A menção dos tópicos, como a faremos, não significa que constituam estruturas isoladas, funcionando independentes uns dos outros, como entendem estruturalistas como Claude Lévi-Strauss, para quem as estruturas são constantes que traduzem formas de instituições sociais, mas as coisas não são assim. Os tópicos têm relação entre si e são dinâmicos; por isso, quando falamos em estrutura, as entendemos como Edmund Husserl e como ficou consagrado pela escola fenomenológica.

O primeiro tópico é *Como o mundo me parece*. O problema da realidade é um assunto antigo e fundamental na Filosofia. Esta é uma investigação que remonta à Antiga Grécia, onde os filósofos já se perguntavam se o que percebiam era o que verdadeiramente existe. Hoje o que se entende por realidade é bastante diverso do que os gregos o fizeram, estando o fundamental desta diferença observado na filosofia crítica de Emmanuel Kant, que distingue as chamadas perspectivas transcendente, própria do mundo antigo e medieval, e a transcendental, marca da modernidade. O filósofo clínico não entra nos meandros desta discussão ontognoseológica, mas se refere ao tópico como foi sistematizado pela fenomenologia, isto é, o que se pensa do mundo não é nada em si separado do ser do homem. A representação do mundo é única, pois a pessoa vê o mundo com os elementos de sua vida e história. Neste tópico, o clínico espera identificar como o mundo aparece para a pessoa, conforme diz Lúcio Packter no *Caderno B*, "a respeito da cidade, do país, da metafísica mais maluca do universo, da ética que move os interesses biológicos, planetários, as concepções que fazem o meio experienciado pela pessoa ser o que é para ela: temporalidades, situações geográficas, crenças regionais etc." (p. 11). O clínico estará principalmente interessado em saber qual a importância que este tópico tem na malha intelectiva da pessoa, se tem algum choque interno ou se está em conflito com o que aparece nos outros vinte e nove tópicos. Eis como o tópico como o mundo parece surge no relato de Augusto Boal, em exemplo retirado do texto *Filosofia Clínica*, de Lúcio Packter. Lúcio cita Boal no seguinte texto:

IV – SINGULARIDADE EXISTENCIAL E FILOSOFIA CLÍNICA

Na Argentina, fazíamos teatro em restaurante. Lá existe uma lei que proíbe os argentinos de morrerem de fome. Se uma pessoa está com fome e sem dinheiro, ela tem, teoricamente, o direito de entrar num restaurante e de pedir comida – o que quiser, menos vinho e sobremesa – e no final apresentar sua carteira de identidade e dizer: Olha, eu sou argentino, não tenho dinheiro e estou proibido de morrer de fome. É claro que na realidade as coisas não se passam desta maneira, mas, baseados na lei, preparávamos uma cena e íamos a um restaurante. O protagonista entrava, pedia um bife a cavalo, comentava sobre a qualidade da carne Argentina com as pessoas da mesa ao lado, enfim, procurava estabelecer relações. No final, agradecia muito e na hora de pagar assinava a nota, mostrava a carteira de identidade e a devolvia ao garçom. Este que não sabia que era espectador, desempenhava o seu papel, exigia o pagamento. Então começa o diálogo (p. 4).

O próximo tópico é: *O que a pessoa acha de si mesma*. Com ele, o clínico resume como cada um pensa, sente, intui e trata a si mesmo. Pensamos algo de nós e isto pode ser importante ou não em nossa malha intelectiva. O clínico espera identificar isto, se é importante este modo como nos referimos a nós mesmos e o quanto é. Eis um trecho que ilustra o tópico:

> Eu sou uma profissional, quando estou no palco represento de verdade, mas sei que estou apenas representando. Quem me ensinou isto foi Ademar Guerra, ele explicou até onde podemos ir para chegar na emoção e o que fazer para que a emoção continue presente diariamente. Mas que você tenha consciência de que está representando e

não se mate todos os dias. Todo mundo precisa de técnicas para viver. O que tenho na garganta é um instrumento. Se o pianista precisa estudar anos a fio para executar seu instrumento, porque eu não tenho que estudar também para usar a minha garganta, ou saber usar o microfone, que é o meu instrumento auxiliar, que amplia minha voz? (idem, p. 5).

O terceiro tópico é *sensorial e abstrato*, examinado em livro por Mônica Aiub. Ela explicou o que se espera identificar com este tópico (2000):

> Geralmente, pessoas mais sensoriais descrevem mais sensações, referem-se aos sentidos, o cheiro da flor, o sabor da fruta, o toque da pele, o som da música, as cores da pintura etc. Pessoas mais abstratas costumam descrever ideias, às vezes ideias que levem a outras, com pouca referência ao sensorial (p. 37).

No clássico *Os miseráveis*, Victor Hugo nos oferece um bom exemplo do aspecto sensorial traduzido neste tópico. Acompanhemos o que ele diz:

> Mas o ferido não fazia o mínimo movimento, e João Valdejean não sabia se o que então levava às costas era Mário ou um cadáver. A sua primeira sensação foi a cegueira. Repentinamente deixou de ver. Pareceu-lhe que num minuto ensurdecera. Não ouvia já coisa nenhuma. A frenética e homicida tempestade que se desencadeara alguns metros acima dele não lhe chegava, como já dissemos, ao ouvido, senão muito confusamente, e como um

IV – SINGULARIDADE EXISTENCIAL E FILOSOFIA CLÍNICA

rumor saído de uma profundidade graças à espessura de terra que o separava dela. Adiantou com precaução um pé, temendo que se deparasse um buraco, desaguadouro ou um abismo, e convenceu-se de que o lajedo se prolongava. Contudo, podia penetrar naquela muralha de nevoeiro, e forçoso era fazê-lo (p. 463).

Também neste tópico podem haver choques internos ou com os demais, em combinações e possibilidades infinitas. Através do terceiro tópico espera-se descobrir se a pessoa pensa a si e ao mundo de modo sensorial, isto é, através dos sentidos, ou se o percebe abstratamente. A relação da pessoa com o que está a sua volta é mediada por esta forma. A forma como estes aspectos podem aparecer nos homens é variada. Explica Lúcio, no *Caderno B*: "Quanto à percentagem em que cada pessoa é abstrata ou sensorial, constata-se desde aquela que se mantém ligada sensorialmente em alto grau, até outra que vive em constante intercâmbio abstrato com o mundo, como se fosse um intelecto sem as carnes" (p. 24). Pela forma como o mundo aparece em minha consciência, serei singular e, neste sentido, é importante perceber como o mundo que está a minha volta é apropriado se mais pelo pensamento ou pelas sensações, é assim que o mundo das coisas ou dos outros se torna meu mundo, o que sou. Neste e em todos os demais tópicos, será fundamental observar se há choque interno ou se ele existe no confronto com os demais.

Emoções é o nome dado ao quarto tópico. São elas que dão colorido à existência. Nós nos alegramos e entristecemos, alimentamos esperanças e decepções, vibramos pelas conquistas e realizações e nos amarguramos nas derrotas. Convivemos com situações de dor e morte e estas situações mexem conosco. O filósofo clínico deseja saber quanto intensamente as emoções repercutem em nós. Busca resposta para as indagações: elas são importantes em nossa malha intelectiva? Elas alteram os outros tópicos? As emoções estão em conflito entre si e como isto se dá? Para Lúcio Packter, o tópico é definido, no *Caderno B*, como "o movimento em partes da EP que a pessoa vivencia como um estado afetivo qualquer: prazer, dor, alegria, tristeza, amor, ódio, bem-estar, esperança, saudade, carinho etc." (p. 28). No texto *Filosofia Clínica*, Lúcio Packter cita um depoimento de Plínio Marcos para mostrar como este tópico aparece no relato de alguém:

> O que o público brasileiro quer é emoção. Algo que lhe proporcione impactos, risos, lágrimas. Não importa se neste impacto, ou emoção, venha embrulhada uma mensagem social ou não. O que ele quer é emoção. Então, através do impacto com *A Navalha na Carne, Dois perdidos numa noite suja*, eu sempre tive público. Agora, cada artista tem um tipo de emoção, de impacto, para provocar no público. O meu, no momento, é fazer rir (p. 6).

Neste tópico, em especial, observam-se choques internos. Não é o caso do relato acima, mas frequentemente a pessoa não sabe dizer o que sente, possui sentimentos conflitantes em relação às situações vividas. Há pessoas para as quais as emoções alteram o funcionamento fisiológico, outras quase não somatizam ou, se o fazem, o fato não tem grandes implicações.

O quinto tópico é os *pré-juízos*. Lúcio Packter o define, no mesmo *Caderno B*, como "as verdades objetivas que habitam a pessoa e que a acompanham quando ela experiencia

IV – SINGULARIDADE EXISTENCIAL E FILOSOFIA CLÍNICA

a vida" (p. 29). Na clínica, observa-se que muitas vezes o partilhante experimenta conflito entre pré-juízos. Os pré-juízos afetam assuntos muito diferentes como o mundo do trabalho, os sentimentos, a vida familiar, os assuntos religiosos, políticos, sociais, econômicos, enfim quase todas as situações de sua vida. O que é fundamental para o filósofo é identificar o peso que este tópico tem para a pessoa, além de descobrir como os outros tópicos de sua estrutura de pensamento interagem com os pré-juízos. Lúcio denomina pré-juízo a uma forma de preconceito ou, melhor, uma verdade que assumimos antes de aprofundar bem a questão: "Podemos dizer que um pré-juízo é um isso, é assim para mim, antes de saber mais a respeito" (p. 31). Vejamos como ele usa um texto de Norman Mailer como exemplo de pré-juízo no já citado texto *Filosofia Clínica*:

> As feministas não estão interessadas em percorrer o interior, bater na porta das casas simples do Meio-Oeste ou do Sul para tentar convencer os maridos a tratarem melhor suas mulheres e não serem tão machões. Não. O campo de batalha delas é Washington. Seus alvos são os intelectuais liberais como eu. Querem polêmica e poder. Não estão interessadas no bem-estar da mulher americana. As grandes corporações foram as que mais lucraram com as conquistas do feminismo americano. O movimento criou uma geração de profissionais carreiristas, competitivas, impiedosas, que trabalham como loucas e no final ganham menos do que os homens, jogando para baixo as despesas salariais das empresas. Um sucesso, como se vê. Instintivamente elas não poderiam ficar contra Clinton, porque o Presidente é a fonte de poder para elas. Por apego ao poder, as feministas não poderiam ficar contra

ele, mesmo sabendo que Clinton regularmente viola na essência todas as crenças delas (p. 6).

É claro que nem todas as feministas americanas se encaixam no perfil proposto, no entanto é como se todas pudessem ser descritas assim para o sujeito do texto citado acima. No entanto, há algo a observar: pré-juízo não é sinônimo perfeito de preconceito. Ele não tem o sentido negativo ou falso associado ao pré-conceito como no texto acima; todas as nossas suposições, teorias e esquemas usados na compreensão dos fatos, na interpretação de um livro, na avaliação de uma obra de arte baseiam-se em pré-juízos. Os pré-juízos são construídos na história de vida de cada pessoa. Podemos aproximá-los de nossas crenças íntimas.

O sexto tópico é identificado por *termos agendados no intelecto*. Estes termos mostram o modo como a pessoa exprime conceitos, ideias e imagens. O clínico deseja saber como a pessoa se expressa conceitualmente. Não se trata de descobrir o sentido social de uma palavra, mas aquele que a pessoa emprega, como o utiliza, a que o associa. Digamos que a pessoa diga a alguém que a ama, o que isto quer de fato dizer? Estará fazendo a declaração de um sentimento profundo e completo? Pode ser que ela use a palavra amor para designar tudo o que gosta. Ela pode dizer sempre que ama comer chocolate, ama sair com amigos, ama usar calça jeans etc. no mesmo sentido que ama esta pessoa. O clínico pode testar este sentido específico com a pessoa, verificando se consegue mobilizá-la, isto é, tocá-la intimamente, usando a palavra da forma como o partilhante a interpreta. É que, além do sentido culto ou gramatical, a língua adquire aspectos particulares devido à singularidade existencial. Como o

IV – SINGULARIDADE EXISTENCIAL E FILOSOFIA CLÍNICA

mundo aparece para nós de modo particular, o ajuste à intersubjetividade não é perfeito. A fenomenologia destaca este duplo aspecto da linguagem: a expressão de nossa intimidade e a linguagem do grupo. Os fenomenólogos colocam as coisas do seguinte modo: se não alcançamos o significado que a palavra tem para aquela pessoa, não vemos parte importante de seu mundo. Por isto o filósofo clínico evita fazer interpretação do que a pessoa está dizendo, procura sempre usar os termos da forma como ela o emprega. O mundo que se manifesta na consciência o faz em perspectiva: não é ingresso da coisa na mente, como pensavam os gregos; nem o estar a coisa na mente, como afirmavam os escolásticos; nem é uma cópia, como supunha Kant; mas é um objeto da consciência. É um instrumento para objetivar o mundo interior, mas não é um instrumento perfeito, que significa sempre a mesma coisa, como podemos observar neste texto de Marcel Proust:

> Aquele gosto era o do pedaço de madalena que, nos domingos de manhã em Combray (pois nos domingos eu não saía antes da hora da missa), minha tia Leôncia me oferecia, depois de o ter mergulhado no seu chá da Índia ou de tília, quando ia cumprimentá-la em seu quarto. O simples fato de ver a madalena não me havia evocado coisa alguma antes de que a provasse, talvez porque, como depois tinha visto muitas vezes, sem as comer, nas confeitarias, a sua imagem deixara aqueles dias de Combray para se ligar a outras mais recentes; talvez porque, daquelas lembranças abandonadas por tanto tempo fora da memória, nada sobrevivia, tudo se desagregara; as formas – e também a daquela conchinha da pastelaria, tão generosamente sensual sob a sua plissagem severa e devota

– se haviam anulado então, adormecidas, tinham perdido a força de expansão que lhes permitiria alcançarem a consciência. Mas quando mais nada subsistisse de um passado remoto, após a morte das criaturas e a destruição das coisas – sozinhos, mais frágeis, porém mais vivos, mais imateriais, mais persistentes, mais fiéis –, o odor e o sabor permanecem ainda por muito tempo, como almas, lembrando, aguardando, esperando, sobre as ruínas de tudo o mais, e suportando sem ceder, em sua gotícula impalpável, o edifício imenso da recordação (p. 46).

O sétimo tópico é conhecido por *termos universais, particulares ou singulares*. Este tópico traduz a forma como a pessoa comunica o que pensa. Será que a pessoa raciocina de modo geral, universaliza conclusões e afirmações, ou particulariza o que afirma, falando dos fenômenos como se fossem únicos. Como sabemos, as pessoas podem expressar tudo o que desejam – pensamentos, emoções, intuições ou crenças –, particularizando ou generalizando. O movimento do pensamento anda nestas duas direções e é isto o que se pretende identificar com este tópico. Universalizar é dizer que todos os homens são maus quando se tem em vista alguns ou apenas um único homem. Particularizar é tomar como restrito o que é mais amplo. O que importa é o clínico perceber como a pessoa raciocina, como ela se refere ordinariamente às relações que comunica. Tudo que ela exprime pode ser transmitido com um raciocínio universal, particular ou singular.

O oitavo tópico da Estrutura de Pensamento se refere ao uso de *termos unívocos ou equívocos*. Este tópico trata de um outro aspecto da expressão humana e, em certo sentido, é uma

IV – SINGULARIDADE EXISTENCIAL E FILOSOFIA CLÍNICA

continuação do tópico anterior. Nele o clínico investigará um aspecto específico da relação humana, ele quer saber se a pessoa se comunica de maneira clara ou confusa. Muita gente pensa de modo confuso porque emprega termos com significado social dúbio ou incompleto. Neste caso o desvio é maior do que seria aceitável pelo uso singular. No caso, não há preocupação em dar um sentido que os outros possam entender, a comunicação aparece como mensagem confusa. Algumas vezes, assim é por motivos que ultrapassam o simples emprego dos termos. Alguém pode falar propositalmente de modo equívoco a uma pessoa que ama, mas de quem desconhece os sentimentos, apenas para se proteger. Conforme a reação da pessoa amada, ela dá um encaminhamento diferente à conversa. Nesse caso, seu comportamento é equívocado, mas é uma estratégia aplicada numa situação específica. Normalmente, ela se comunica com termos bem precisos. Portanto, antes de supor que os termos utilizados por alguém são confusos, é preciso saber o que ele está vivendo, o que ele quer comunicar e porque está usando tal estratégia. Sabemos que se comunicar de maneira clara e objetiva traz uma série de benefícios no relacionamento social, mas isto não quer dizer que uma mensagem unívoca, completa, bem construída, com termos precisos, produza necessariamente uma comunicação perfeita. Um texto pode ser escrito com termos unívocos, mas possuir um conteúdo obscuro. A equivocidade também pode se manifestar em outra circunstância, no conflito com outros tópicos, por exemplo: uma pessoa pode afirmar que gosta de carinho físico e não conseguir se entregar às carícias de quem ama. Ela se queixa da falta de carinho, mas não está aberta para a relação. A discrepância entre os tópicos faz a pessoa perceber-se e parecer confusa.

O tópico seguinte segue a esteira do anterior e também traduz um aspecto da comunicação. Lúcio o denomina *completo ou incompleto*. O que é completo ou não? É a forma como a pessoa se comunica e não apenas o discurso. Ao tentar dizer uma coisa, a pessoa pode exprimir o que deseja de forma incompleta. O que é tal discurso? Lúcio o define, no *Caderno C*, como aquele em que a mensagem não é compreensível porque a construção é inadequada:

> O comunicado não apresenta um sentido que mostre início, meio e fim, não parece ordenado logicamente ao ambiente linguístico que o porta, pode quebrar o entendimento do raciocínio, pode induzir a entendimentos dúbios, pode ser tido como pobre do ponto de vista do desenvolvimento da ideia, é normalmente quebrado, solto etc. (p. 24).

O discurso completo não é o logicamente perfeito. A questão não é de lógica, mas de relacionamento entre quem fala e o que o rodeia. Para o clínico, o discurso pode ser completo, mesmo que não seja logicamente impecável, pode estar associado a outras formas de comunicação, como um toque, um abraço, um aceno. Uma palavra seguida de um abraço pode ser um discurso completo se passou a mensagem desejada de uma forma completa. É preciso inseri-lo na malha intelectiva da pessoa, perceber sua singularidade existencial, observar ao que está associado, para descobrir se o discurso é ou não completo. Pode-se dizer que ele é completo quando traduz bem a mensagem de quem o pronuncia. Lúcio Packter se vale de um texto de Henfil para mostrar o que é um discurso completo. Eis o exemplo que escolhemos dos propostos em *Filosofia Clínica*:

IV – SINGULARIDADE EXISTENCIAL E FILOSOFIA CLÍNICA

O maior humorista brasileiro, o humorista mais completo do país, no meu entender, é o Millôr Fernandes, que está aí mesmo na revista. Ele é um cara que tá de antena ligada para tudo quanto é assunto. É um cosmopolita da informação. Ele bebe água em anúncio de classificado, em televisão, em enciclopédia, em revistinha imbecil, em jornal. E, se estou aprendendo, não posso ser maior do que ele, que também leva sobre mim a vantagem de ter maior tempo de serviço (p. 7/8).

O tópico dez denomina-se *estruturação de raciocínio*. Ele se refere à estruturação geral da consciência. Alguém com desestrutura de raciocínio deverá estar protegido por decisão judicial ou médica, pois não é capaz de responder pelo que faz ou diz. O filósofo clínico só acompanhará alguém com esta desestrutura se estiver atuando em conjunto com outros profissionais e com a concordância da família. É que muitas são as razões que provocam a desestrutura de pensamento, e as pessoas precisarão do acompanhamento e ajuda de outros profissionais, como médicos, psicólogos, enfermeiros, assistentes sociais, terapeutas ocupacionais etc. A desestruturação do pensamento ocorre nos transtornos psicóticos, mas é também provocada pela sífilis, encefalias agudas, traumatismos cranianos, tumores, senilidade e pelo uso de drogas psicoativas. O *Tratado de psiquiatria*, de Henry Ey, Bernard e Brisset, aponta várias causas para a desestruturação de pensamento: "são razões fisiológicas ou que nascem por força do meio social ou cultural" (p. 855). É necessário distinguir um raciocínio bem estruturado de outro que não o é. A pessoa com raciocínio estruturado deve ser capaz de reagir corretamente a perguntas simples de localização temporal e espacial. Ela deve, por exemplo, responder à pergunta que horas são, dizer qual o dia do mês e da semana em que se está, descrever sua rotina de vida, dar o nome da empresa em que trabalha, identificar o próprio nome e das pessoas da família. Todas estas respostas devem ser dadas sem dúvida ou dificuldade. Precisa também encadear os termos que utiliza em sua fala de forma justificável, estabelecer relação de causa e efeito ou contiguidade e semelhança, interpretar de maneira lógica ou por senso comum as situações vividas. Quem está com o raciocínio desestruturado afasta-se muito do modo como pensam as pessoas comuns. Seu afastamento do comum é muito grave e não pode ser atribuído à singularidade existencial.

O tópico onze é denominado *busca*. O que é busca? É o que a fenomenologia existencial denomina projeto, um abrir-se para o futuro. Há muitos aspectos implícitos no projeto, mas o tópico busca considera especialmente o sentido da direção presente nas ações. O homem não apenas sente dor e confusão, ele procura tratar do que sente. O homem cuida de si, ele espera realizar algo. Ele estabelece um sentido para seu agir. Lúcio diz, no *Caderno C*, que busca é "o dever, a esperança, o projeto pessoal, o para onde queremos ir, qual a procura imediata e a mais remota, o sonho guardado (confesso ou não). Algo pequeno ou grande, mas sempre significante a quem o possui" (p. 33). O homem não viveria esse tópico se não alterasse a situação em que se encontra. Por isso busca ou projeto é o outro nome da liberdade. Se o homem permanecesse preso a sua facticidade ou condição não faria qualquer movimento para ser diferente e não seria livre. A busca significa que o futuro pode ser diferente do que é hoje, que liberdade significa o ser diferente do que se é. No entanto, a busca se realiza numa circunstância e ela também conta. Posso escolher uma profissão, mas ela precisa estar disponível na sociedade em que vivo, precisa ser importante para este grupo etc. O projeto possui uma dimensão cultural. O que levo adiante está vinculado à situação em que me encontro ou conforme Luijpen: "O poder ser é sempre um poder ser a partir de certa facticidade, de certa situação" (p. 202). Esta busca pode ser um sonho, uma esperança de que algo pode acontecer como aparece no discurso de Martin Luther King, citado por Lúcio Packer em *Filosofia Clínica*. O pacifista americano fez, numa das belas páginas em defesa da humanidade, um discurso antológico:

> Eu digo a vocês hoje, meus amigos, que embora nós enfrentemos as dificuldades de hoje e amanhã, eu ainda tenho um sonho. É um sonho profundamente enraizado no sonho americano. Eu tenho um sonho, que um dia esta nação se levantará e viverá o verdadeiro significado de seus princípios – nós celebraremos estas verdades e elas serão claras para todos, que os homens são criados iguais. Eu tenho um sonho, que um dia, nas colinas da Geórgia, os filhos dos descendentes de escravos e os filhos dos descendentes dos donos de escravos poderão se sentar à mesa da fraternidade. Eu tenho um sonho, que um dia o estado do Mississipi, um estado sufocado com o calor da injustiça, sufocado com o calor da opressão, será transformado em um oásis de liberdade e justiça. Eu tenho um sonho, que um dia, no Alabama, com seus racistas malignos, com seu governador que tem os lábios gotejando palavras de intervenção e negação; nesse justo dia, no Alabama, meninos negros e meninas negras poderão unir as mãos com

meninos brancos e meninas brancas como irmãos. (...) E, quando isto acontecer, quando nós permitirmos o sino da liberdade soar, nós poderemos acelerar aquele dia quando todas as crianças de Deus, homens pretos e brancos, judeus e gentios, protestantes e católicos, poderão unir mãos e cantar nas palavras do velho espiritual negro, livres afinal, livres afinal. Agradeço a Deus todo-poderoso, nós somos livres afinal (p. 9).

O texto magnífico de Luther King traduz bem a busca que orientou sua vida, a procura que o levou à morte e o consagrou na história e na lembrança de todos os homens que esperam construir um verdadeiro Humanismo. Esta foi a busca de Luther King, seu projeto de vida, o para onde desejava ir, sua procura imediata e a mais remota, o sonho confesso. Algo tão significante para ele.

O tópico doze é denominado *paixão dominante*. O conceito não define a força que uma ideia possui na malha intelectiva, mas a repetição do assunto. Como diz Margarida N. Paulo, no *Compêndio de Filosofia Clínica*: "o que caracteriza a paixão dominante é a repetição e não a força (...) portanto, o critério é de quantificação e não de qualificação" (p. 53). O clínico vai estar atento ao fato de que um conceito pode se repetir muitas vezes, embora essa alta frequência possa ter um impacto pequeno em suas decisões ou emoções. A paixão dominante não é necessariamente uma obsessão no sentido que lhe dá a psicanálise. Para Sigmund Freud, a obsessão é uma culpa que se manifesta sob disfarce por causa da repressão e está relacionada com o ato sexual prazerosamente praticado na infância. Obsessão significa prazer e culpa. Nesse caso, dois elementos estão presentes, conforme

IV – SINGULARIDADE EXISTENCIAL E FILOSOFIA CLÍNICA

afirma Jurema Alcides Cunha em seu *Dicionário de termos de psicanálise de Freud*: "uma ideia que se impõe ao paciente e um estado emocional a ela associado" (p. 142). Lúcio entende que as coisas não têm necessariamente tal origem, nem a implicação emocional preconizada pela psicanálise. Alguém pode pensar em sexo várias vezes por dia, mas isto não passa de uma distração, de um passatempo. Essa pessoa faz como alguém que procura um objeto desaparecido muitas vezes num mesmo dia. O que define a paixão dominante é a constância ao longo do tempo, a ideia se repete durante meses, mesmo que com pouco ou nenhum sofrimento para quem o experimenta.

O tópico seguinte é denominado *comportamento e função*. Através dele o filósofo clínico investiga como se ligam o comportamento e suas razões. Quando se levanta a historicidade de alguém, descobrimos que as razões pelas quais ela age pode parecer fácil de ser identificada, mas nem sempre o é. Os experimentos levados a termo nos laboratórios de psicologia confirmam a dificuldade. O comportamento é função de uma ou muitas variáveis. Contudo, ao contrário do que ocorre na psicologia comportamentalista, na filosofia clínica não é razoável mudar o comportamento de alguém sem saber do que ele é função. O resultado mais provável é que a pessoa se desestruturará, se o comportamento for alterado. O clínico deve estar atento para perceber se há um comportamento que tenha importância na vida do partilhante e pesquisar porque ele está presente. No caso de o comportamento possuir uma função não patente, o clínico precisa identificá-lo. Comportamentos contíguos podem se anular, estar em conflito por causa da função ou funções aos quais eles se associam. O procedimento clínico é o de perguntar, ouvir a pessoa o suficiente até se chegar a uma explicação consistente. No *Caderno D*, Lúcio orienta o procedimento: "Investigue primeiro quais as relações que a pessoa estabelece consigo mesma, quanto à somaticidade, quais funções cumprem quais comportamentos" (p. 14). Então o clínico não fornecerá explicações incorretas ao partilhante que, ao ouvir tal explanação de quem deve ajudá-lo, assume como verdade o que não o é. As consequências deste fato na vida dessa pessoa podem ser ruins.

O tópico quatorze é a *espacialidade*, já examinada no capítulo segundo deste livro. O homem vive no espaço, isto é, se encontra num determinado lugar, mas pode se transportar em pensamento para outros. Sua memória o conduz para lugares onde já viveu, e a imaginação o leva para longe do que não deseja pensar. Do mesmo modo que se transporta de onde está para lugares que já viveu e para onde a imaginação o levar, ele pode se colocar na perspectiva de outrem. Conforme explica Yolanda Forghieri no livro *Psicologia Fenomenológica – fundamentos, método e pesquisa*, "além da expansividade, a ela muito relacionada, encontra-se a capacidade do ser humano de vivenciar o distanciamento e a proximidade de locais, coisas e pessoas, independentemente destes estarem, de fato, presentes, mas de acordo com seu modo de existir no mundo" (p. 45). Lúcio Packter (*Caderno D*) incorpora a forma fenomenológica de abordar a espacialidade em sua Estrutura de Pensamento, colocando-a como um tópico que traduz "a posição, a localização intelectiva da pessoa. Teu corpo está aqui, ele pergunta, mas onde estão os conceitos da sua malha intelectiva?" (p. 14). Como ele examina a localização espacial de alguém? Quando a pessoa traz até si mesma a perspectiva do outro, Lúcio chama esta

IV – SINGULARIDADE EXISTENCIAL E FILOSOFIA CLÍNICA

atitude de inversiva. Ao contrário, quando ela vai ao mundo do outro, trata-se de recíproca de inversão. Se a pessoa se dirige para as coisas ou pessoas ao alcance de seus sentidos, trata-se de um deslocamento curto; ao contrário, considera-se deslocamento longo quando a pessoa distancia-se dos dados sensoriais e abstrai. A filosofia clínica indica as várias formas pelas quais a mudança de perspectiva ocorre.

O tópico quinze é a *semiose*. O que ele revela? A filosofia clínica trabalha com a singularidade existencial para considerar que cada pessoa é um mundo único. Esse mundo é vivido como intencionalidade, ele aparece na consciência como algo que não tem origem nela. Isto é, não podemos falar de consciência sem mundo e de mundo sem consciência, lição que vem da fenomenologia. O que a fenomenologia quer traduzir é que a subjetividade abriu-se para as coisas mesmas, como dizia Husserl, mas isto não significa chegar à coisa em si, porque se volta para o que há na consciência. Assim procedendo, a fenomenologia renova o exame do problema do ser, embora não pretenda restaurar a antiga ontologia. A filosofia clínica mostra que esta abertura ao mundo não invalida a singularidade existencial. A existência humana se expressa de muitos modos, porque nasce de uma história particular que reúne experiências que não se repetem. A comunicação humana traduz uma perspectiva, uma forma pessoal de ver o mundo ou de atuar nele, apesar do esforço dos fenomenólogos para mostrar que é possível chegar à objetividade pela intuição eidética pura. Por que a existência é composta de mundos singulares? Por que toda vivência é uma realidade única de um fluxo percebido em certo momento. As vivências que povoam a memória formam a história de cada um. É, pois, um fato normal que cada pessoa se mostre de um modo, mesmo vivendo numa cultura comum. A consciência vai e volta do mundo em si e é no íntimo que processa a compreensão. É a esse se apresentar de modo singular que a consciência descobre em si que a filosofia clínica denomina semiose, a maneira única de como a pessoa se apresenta. Pode ser uma forma de vestir, de falar, de cantar, de desenhar; enfim, de muitos modos a pessoa se apresenta para as outras. Eis um texto de Chico Buarque, em que ele trata de sua forma singular de tocar violão. O texto foi mencionado por Lúcio Packter em *Filosofia Clínica*:

> Eu já cantava, minha irmã tocava violão, isto antes de compor. Antes da bossa-nova, eu fazia músicas de carnaval, mas, quando ela apareceu, me pegou assim páaaa... Me lembro de que ouvia *Chega de saudade* a tarde inteira, umas cinquenta vezes seguidas. Aí pegava o violão – eu e um amigo que tocava bateria, o Oliver – e a gente tentava pegar as batidas do João. E é por isso que eu toco o violão errado até hoje: eu comecei a aprender não foi nem de olho.

A pessoa faz algo de muito particular como mostra Chico Buarque no texto acima. Lúcio Packter explica no *Caderno D* que a semiose diz respeito ao que é usado como sinal da presença de alguém. O que isto significa? Vejamos o que ele diz:

> Frases em formas de hipérboles ou parábolas? Um beijo? A mão que aponta uma paisagem bucólica? Braços que protegem? Um olhar de aprovação? O dobrar dos sinos? O som do dobrar dos sinos ao longe? O sentimento íntimo de gratidão por uma sopa no inverno? O sabor

IV – SINGULARIDADE EXISTENCIAL E FILOSOFIA CLÍNICA

delicado dos morangos? O que a pessoa utiliza para significar nós denominamos semiose (p. 24).

A semiose é aparentemente incompreensível, mas as pessoas não reagem do mesmo modo, há quem agrida quando se espera que seja carinhosa, quem odeia quando se espera que ame. As pessoas são diferentes, a forma como se mostram ou significam suas vivências também o é.

O tópico dezesseis é chamado de *significado*. Na filosofia clínica, significado é o modo como a pessoa significa suas experiências. Desvinculado delas, o tópico não diz nada de importante. Pessoas diferentes atribuem significado distinto a situações parecidas, pois representam as experiências diversamente. Eis um texto de Gilberto Gil, retirado de *Filosofia Clínica*, no qual ele significa um momento de sua vida:

> O momento atual, acho, passou a ser de exigência, especialmente vinda do público jovem, que entrou agora para a faixa de consumo. Ele tem necessidade de reconhecer sua história mais recente. Daí o sucesso, entre os jovens, de gente como Jorge Ben, Tim Maia, até o Caetano, de dois anos para cá. Essa revitalização de nomes começou há vinte, trinta anos, e mostra duas coisas: a necessidade de atualização histórica desse pessoal e a força desses criadores. Jorge Ben sempre foi muito aceito pelas áreas populares, mas só recentemente a crítica veio a considerar o seu trabalho. No último ano, fiquei impressionado com a força dos fenômenos musicais populares da Bahia, como os grupos afros, as experiências semicomunitárias do Olodum e da Timbalada. Carlinhos Brown é um grande nome da Bahia, junto com Daniela Mercury (p. 12).

Muitas vezes as pessoas entendem de modo distorcido as mensagens que recebem, deixam um pré-juízo contaminar o que ouvem. As significações não são apenas uma questão de linguagem ou um problema intelectual, mas uma questão existencial com múltiplas consequências. O próprio corpo aprende a dar sentido ao que em certo momento da vida não tinha. Diz Lúcio no *Caderno D*:

> ocorre às vezes que cirurgias plásticas, experiências com alucinógenos e outros, podem dar à parte da pessoa que denominamos corpo uma prioridade sobre as demais partes (abstração, espírito, alma, Deus, conforme cada um de nós acreditar existir ou não) (p. 29).

O que os fenomenólogos constataram é que não só a mente significa, mas o próprio corpo também o faz. É claro que há os que significam mais com o corpo, outros mais com o pensamento abstrato; enfim, cada homem significa de um modo e isto contribui para formar sua singularidade existencial.

O outro tópico da Estrutura de Pensamento é denominado *armadilha conceitual*. Com ele a filosofia clínica quer se referir aos comportamentos que persistem mesmo contra a vontade da pessoa. A armadilha conceitual é resultado do uso de ideias complexas que colocam o sujeito numa espécie de círculo vicioso do qual ele não sabe sair. Nichele Paulo nos fornece um exemplo de armadilha conceitual, relatando o episódio de uma pessoa que afirma sempre viver relações complicadas quando gostaria de evitá-las. O resultado é que sua vida é uma história de decepções das quais não conse-

IV – SINGULARIDADE EXISTENCIAL E FILOSOFIA CLÍNICA

gue se livrar. Depois de cada revés ela promete firmemente que não se envolverá na história de mais ninguém, mas não consegue cumprir a promessa. Nichele Paulo transcreve o relato dessa pessoa *Compêndio de Filosofia Clínica*: "E eu novamente me chateio, fico deprimido e digo que não vou mais ajudar. Mas é só chegar e dizer que tá precisando lá me vou correndo sem pensar, é sempre assim" (p. 61). A armadilha conceitual é uma forma de se comportar que deixa a pessoa insatisfeita, mas ela não consegue mudar as coisas. Presa a situações deste tipo, arrasta-se pela vida naquilo que os fenomenólogos consideram dificuldade para lidar com conflitos existenciais. A questão não é propriamente o conflito vivido, expresso na diferença entre o que quer fazer e o que realmente faz, mas que o conflito experimentado não é reconhecido e enfrentado sob as múltiplas possibilidades que comporta. Lúcio Packter não diz que é na fenomenologia que se busca tal entendimento, mas é lá que o encontra. É assim que ele dialoga com a história da filosofia, tomando a fenomenologia como referência. Este fato não faz da filosofia clínica uma escola filosófica no sentido consagrado pela tradição ocidental, mas mostra como uma filosofia de nosso tempo fundamenta e dá coerência a uma prática psicoterápica que busca de forma consistente o diálogo com a tradição filosófica.

O tópico dezoito é intitulado *axiologia*. Lúcio Packter revela que através dele o filósofo clínico espera saber o que é importante para a pessoa, o que a leva a preferir uma coisa e não outra. Axiologia introduz a discussão do que é valor. Reconhece Lúcio, no *Caderno E*, que o tópico traduz a visão fenomenológica de valor posta por Max Scheler para explicar as escolhas em substituição ao uso do dever como paradigma de escolha. Esta é uma questão que já tivemos oportunidade de comentar em *Problemas e teorias da ética contemporânea*:

> O emprego do método fenomenológico para investigar os problemas éticos é especialmente importante porque questões relativas a valor e à liberdade de escolha não são redutíveis ao método empírico-indutivo usado no estudo da natureza. Por outro lado, o uso da fenomenologia é uma alternativa para a abordagem formal da ética deixada por Emannuel Kant no emprego do imperativo categórico, pois para Scheler o que importa nesses casos são ações construídas segundo valores, e elas são objetivas, foram construídas ao longo do processo histórico (p. 50).

Max Scheler é autor de um livro que alterou os rumos da discussão ética no século XX: *O formalismo na ética e uma ética material dos valores*. Na obra, ele propõe uma ética de conteúdo estimativo ou axiológico que marca os estudos éticos na primeira metade do século XX. Ao procurar elucidar em que consiste a experiência moral e como ela pode ser objeto da ética, o filósofo apresenta uma série de novos problemas. A obra de Scheler considera concluída a fundamentação autônoma da ética frente à religião, tema que marcou a ética durante a Idade Moderna. O filósofo lembra que Kant evita o relativismo histórico e o eudemonismo através de uma ética formal, à parte da experiência moral, entendendo que essa experiência invalida o caráter universal da ética. Scheler considera que o roteiro a seguir é diverso do sugerido por Kant. Ele acredita que é possível assegurar a universalidade da ética através da experiência dos valores.

IV – SINGULARIDADE EXISTENCIAL E FILOSOFIA CLÍNICA

Assim contrapõe a objetividade dos valores à experiência singular que cada pessoa faz deles.

Como esta investigação metodológica repercute na prática clínica? Muitas vezes a pessoa reconhece intelectualmente que algumas coisas são importantes na vida dela, mas não age como se fossem. É possível perceber, levantando a historicidade da pessoa, que algo é importante em sua vida, mesmo que ela aparentemente o negue. Um caso diferente ocorre quando a pessoa até identifica o valor, mas na hora de agir não o leva em consideração. Exemplo do primeiro caso é o da pessoa que não admite ser sensorialmente acariciada, mas revela de muitos modos que deseja sê-lo; exemplo do segundo é a pessoa que considera a saúde um valor importante, mas permanece fumando, bebendo e vivendo sem uma rotina de cuidados com a saúde.

O tópico seguinte é denominado *singularidade existencial*. Com ele, Lúcio Packter traduz um aspecto muito próprio da vida pessoal, a saber: as vivências raras e diferentes das relatadas pela maioria das pessoas. Somos todos mundos distintos, conforme indicamos atrás. Nossa vida é fundamentalmente nossa, mesmo que não a tenhamos dado a nós mesmos. Com este tópico, Lúcio espera, contudo, realçar vivências que são muito raras, que não são facilmente observadas entre as pessoas de uma mesma cultura. Então, na filosofia clínica, singularidade existencial quer dizer mais do que se diz na fenomenologia. Digamos que alguém seja capaz de controlar a bola de futebol, fazendo embaixadinhas durante 24 h. Trata-se de uma habilidade especial que a diferencia das demais. É a isto que se refere a filosofia clínica como singularidade existencial, embora considere todas as pessoas únicas e singulares.

127

Na sequência dos tópicos, vemos aparecer a *epistemologia*. Neste tópico, o filósofo clínico estuda o modo como a pessoa conhece. Para algumas pessoas a vida cobra a razão das coisas, ela precisa saber como as coisas funcionam, caso contrário se sente perdida. Todos conhecemos aquele tipo de pessoa que, indo ao médico, pede detalhes de tudo o que está acontecendo com ela, inclusive quer saber o efeito dos medicamentos receitados. Outros não se importam de conhecer o que está ocorrendo de modo detalhado, eles se limitam a tomar os remédios receitados e esperam que o médico saiba o que está se passando com ele e encontre a maneira de curá-lo. Neste tópico não consideramos aquele tipo de abertura para pensar que a filosofia, desde Kant, diz que é própria dos homens, mas de explicação prática para as coisas. Eis um texto mencionado por Lúcio Packter em *Filosofia Clínica* que apresenta como Emília Ferrero avalia o significado do empenho escolar:

> Os fracos passaram a ser chamados de pré-silábicos. Os que estavam no meio do processo eram os silábicos e os que eram fortes foram classificados como alfabéticos. Alguns anos depois ficou mais claro que os rótulos novos permitiam ver de outra maneira o progresso das crianças, mostravam que elas estavam aprendendo. É desesperador estar diante de um aluno e dizer que ele não sabe, que ele ainda não sabe. Quando se pode visualizar as mudanças como um progresso na aprendizagem, tudo muda. Primeiro porque o esforço de aprender é reconhecido, segundo porque há a satisfação de ver avanços onde antes não se enxergava nada (p. 13).

IV – SINGULARIDADE EXISTENCIAL E FILOSOFIA CLÍNICA

O tópico vinte e um é denominado *expressividade*. Através dele se deseja perceber o quanto da pessoa se manifesta quando ela deixa sua intimidade e vai ao espaço social. O tópico traduz o que a fenomenologia da intersubjetividade nos apresenta; o homem como projeto é histórico e, sendo histórico, convive necessariamente com outros e aparece para eles. Acontece quando alguém se relaciona na sociedade e não se revela exatamente como é. O que Lúcio mostra é que, quando está mergulhada em si, muita gente é de uma determinada forma, mas, quando esses mesmos indivíduos vivem papéis sociais, quando interagem no grupo social, não se comportam do mesmo modo do que quando estão sozinhos. Nem todo mundo muda por sair do ensimesmamento, mas há pessoas que vivem determinadas emoções quando estão sozinhas, mas não as compartilham ou só dividem o que sentem com aqueles poucos que têm acesso a sua intimidade. A expressividade é isto: o que sou para o outro, como eu apareço para ele. A fenomenologia nos diz isso de modo muito interessante, cada indivíduo humano é intimidade, isto é, um mundo singularíssimo que se exterioriza através de movimentos corporais de expressão que lhe são típicos. Seu olhar, seu gesto, suas ações mostram como ela aparece para os demais. Cada um de nós tem um modo de agir que nos identifica. A expressividade é a porta pela qual saímos de nós mesmos e podemos ser vistos. Se o partilhante não sai de si mesmo não há como o filósofo clínico mirá-lo.

O *papel existencial* é o tópico vinte e dois da EP. Através dele se quer considerar, nos esclarece Nichele Paulo no *Compêndio de Filosofia Clínica*, "como a pessoa se denomina, o rótulo que ela se dá, qual o papel ou papéis que ela representa na vida" (p. 65). Quando alguém está viajando em uma excursão, assume o papel existencial de um passageiro e os passageiros geralmente se comportam de modo mais ou menos parecido. Contudo, nem sempre é assim, há papéis existenciais muito complexos e que envolvem vários aspectos. É o que ocorre quando alguém imita uma pessoa que admira. Pela expressividade, o filósofo clínico traduz a relação da pessoa com as demais; no papel existencia, ele olha com atenção o modo como ela se volta para si. As duas coisas são importantes e são consideradas pela relação que estabelecem entre si. A mesma pessoa pode assumir papéis existenciais distintos, pode ser um professor sereníssimo e equilibrado em sua sala de aula e um torcedor fanático quando assiste a seu time atuar. O pacato cidadão pode se tornar violento depois de uma partida de futebol. É possível que a mesma pessoa assuma vários papéis existenciais durante a vida. A fenomenologia nos mostra que o homem vive uma relação contínua com o mundo e que sua vida se desenvolve nesta relação. Trata-se de um mundo entre muitos possíveis. Lúcio amplia o significado disso com a noção de papel existencial. Ao fazê-lo, permanece, contudo, no âmbito da fenomenologia, assumindo que há muitos mundos humanos e que o sujeito pode assumir diferentes papéis existenciais. Como o sujeito pode viver a nudez, por exemplo? Depende do papel existencial que ele vive, se a observa como médico, artista, esportista, como parceiro sexual ou em um filme etc. Sua historicidade também afetará seu olhar.

Ação é o tópico seguinte. Lúcio define ação no *Caderno F* como o modo "como os conceitos estão associados na malha intelectiva" (p. 1). Está claro para quem segue as lições da fenomenologia que não há um mundo em si, mas diversos mundos conforme as atitudes assumidas do sujeito. O ho-

IV – SINGULARIDADE EXISTENCIAL E FILOSOFIA CLÍNICA

mem tomado como existente confere diferentes significados ao mundo, conforme o modo como organiza sua malha intelectiva. É claro que essa atitude existencial pode sofrer ação de outros tópicos. A forma como a pessoa pensa seu problema pode estar associada às emoções ou a qualquer outro tópico. O filósofo clínico observa como a pessoa age, indagando-lhe sobre como a situação se passou, o que ocorreu na ocasião. Diante das dificuldades da vida, muitas pessoas ensaiam soluções. Pensam que direção tomar, consideram alternativas até decidir agir. Estas tentativas de resolver as dificuldades Lúcio Packter denomina *hipótese*. A escola fenomenológica ensina que a relação com o que nos envolve não é caótica, aprendemos como agir para produzir um determinado efeito. Assim, o que cada um de nós projeta contempla possibilidades distintas que o sujeito examina como os caminhos possíveis de seguir. A escola fenomenológica descreve estes ensaios que fazemos para obter algo como a articulação de um projeto. Nichelle Paulo no *Compêndio de Filosofia Clínica* esclarece esse significado fenomenológico da hipótese quando explica que a hipótese é "o que a pessoa está projetando fazer em relação à questão trabalhada, o que vai fazer para lidar com ela" (p. 66). A hipótese pode aparecer junto com a ação de uma forma quase imperceptível, pode estar oculta e inacessível ou se apresentar de forma clara.

Normalmente associada à ação e à hipótese, *a experimentação* é o tópico seguinte e se refere ao teste das hipóteses. Este tópico traduz o empenho do sujeito de submeter a hipótese à verificação. Muitas pessoas levantam hipóteses como solução para as dificuldades que enfrentam, mas não podem concluir quais são as melhores hipóteses. O que fazer para decidir qual o caminho a ser seguido? É preciso experimentar as hipóteses. Se este tópico é importante na malha intelectiva de alguém, ele estabelecerá várias situações de teste sem se preocupar com a comprovação, a consequência, ou o resultado de sua ação. O que vai ocorrer importa menos do que o propósito de experimentar as hipóteses.

O tópico seguinte é denominado *princípio de verdade*. Na medida em que clínico e partilhante se relacionam, muitas verdades são compartilhadas. Não estamos falando de verdades científicas sobre as quais o acordo é feito a partir de regras previamente aceitas, nem de verdades religiosas sobre as quais a interferência é nenhuma. Falamos daquelas verdades íntimas que estão no fundo de nossas almas. Este espaço de interação é descrito na fenomenologia como a confluência de mundos. Lúcio se refere a este processo interativo, no *Caderno F*, como "verdades compartilhadas dos dados que estão em qualidades diferentes de interseção com a pessoa" (p. 10). Não é um a acordo intelectual, esclarece Lúcio, pois "o clínico vai verificar o que ambos compartilham da espiritualidade, dos dados intuitivos, das vivências somáticas" (idem, p. 10). Muita coisa aproxima partilhante e clínico, eles acabam se aproximando, mas cada um continuará tendo uma vida própria e possuindo características que os diferenciam mutuamente. O filósofo deve estar consciente dos elementos que integram sua EP e do modo como esse seu mundo se relaciona com o de seu partilhante. Princípios de verdade correspondem ao que a fenomenologia denomina verdades existenciais. Eles ajudam a revelar a qualidade, o estilo e as características da interação. Pode haver conflitos sérios na relação de ajuda quando os princípios de verdade de filósofo e partilhante forem muito diferentes, mas isto

IV – SINGULARIDADE EXISTENCIAL E FILOSOFIA CLÍNICA

somente terá importância na clínica se este princípio for um tópico fundamental da estrutura de pensamento de ambos. Em muitos casos, o filósofo não se incomoda absolutamente com as divergências e, nesses casos, mesmo havendo forte discrepância entre as verdades existenciais de ambos, tal fato não prejudica a interseção.

Análise da estrutura é um tópico que traduz a síntese da malha intelectiva. A Estrutura de Pensamento possui vários tópicos, mas, apenas para alguns, organizar a coerência entre os tópicos presentes é relevante. Nichelle Paulo no *Compêndio de Filosofia Clínica* se refere a este comportamento como "a leitura do todo" (p. 68). Uma EP pode ser forte ou fraca, maleável ou não, mais ou menos permeável, mas o será em relação a algo que pode ser comparada. Pode ocorrer que certa EP nos pareça tão separada e diferente das outras que em outros tempos se falava em doença mental, mas, mesmo sendo tarefa tão difícil, alguma comparação é possível. Quando o filósofo se refere a uma EP rica, ele quer comunicar que ela está de tal modo organizada e estruturada, diz Lúcio no *Caderno G1*, "em relação a si mesma e às demais que seus dados são abundantes, desenvolvidos, estruturados etc." (p. 3). A apresentação destes dados, diz o próprio Lúcio, somente é possível "segundo a observação e os dados fenomenológicos descritivos" (idem, p. 3). A descrição fenomenológica da análise da estrutura revela infinita possibilidade de combinação. Há estruturas mais ou menos rígidas, com tópicos mais ou menos flexíveis, com limites mal ou bem definidos, com maior ou menor pressão interna, com estrutura mais rara ou mais comum.

O tópico vinte e oito reúne as muitas *interseções* estabelecidas no decorrer da vida. Como o sujeito se relaciona com as outras pessoas? Esse tópico procura responder a esta questão. Ele considera este aspecto da fenomenologia da intersubjetividade, somos um sujeito de relação. Durante sua vida a pessoa se relaciona com muita gente, mas estas relações possuem um peso e significado diferente para ela. A qualidade da interseção pode ser boa ou ruim, confusa ou indefinida. Para o clínico, importa verificar como é a relação da pessoa com as que a cercam, ele espera saber se ela se deixa ou não influenciar por elas, se se enriquece ou não nestes contatos; pois, conforme observa Nichelle Paulo no *Compêndio de Filosofia Clínica*: "a interseção com outras estruturas pode alterar tópicos da Estrutura de Pensamento" (p. 68).

O tópico vinte e nove é conhecido por *dados da matemática simbólica* e está ainda para ser mais bem estudado, porém Lúcio espera que ele permita traduzir aspectos da relação do sujeito em grupo e instituições e a relação que vier a ser estabelecida entre grupos.

O último tópico da EP é chamado de *autogenia*. Ele expressa a maneira como se relacionam entre si os demais tópicos que compõem a malha intelectiva. Um tópico pode estar em choque com ele mesmo ou com os demais. Por exemplo: o tópico emoções pode não combinar com o pré-juízo, conforme esclarece Lúcio no *Caderno G3*: "às vezes, as associações tópicas são parecidas a situações de comportamento que água e mercúrio apresentam quando estão em um funil separados. Assim, por exemplo, certas emoções e pré-juízos não se mesclam jamais" (p. 37). Em resumo, afirma Lúcio Packter: "autogenia é como se denomina a configuração, a associação, a inter-relação que os tópicos da EP têm entre eles mesmos" (idem, p. 37).

IV – SINGULARIDADE EXISTENCIAL E FILOSOFIA CLÍNICA

Em síntese, a filosofia clínica entende que é possível mapear a Estrutura de Pensamento. Os problemas surgem quando há choque entre os tópicos ou no próprio tópico, sendo necessário superar a tensão existente, o que a filosofia clínica faz usando os submodos, mas isto é outro aspecto da técnica.

O mapeamento da malha intelectiva chega a trinta tópicos anteriormente descritos e que são os seguintes: como o mundo aparece; o que acha de si mesmo; sensorial ou abstrato; emoções; pré-juízos; termos agendados no intelecto; termos: universais, particulares, singulares; termos: unívocos ou equívocos; discurso: completo ou incompleto; estruturação de raciocínio; busca; paixões dominantes; comportamento e função; espacialidade; semiose; significado; armadilha conceitual; axiologia; tópico de singularidade existencial; epistemologia; expressividade; papel existencial; ação; hipótese; experimentação; princípios de verdade; análise da estrutura; interseções; dados da matemática simbólica e autogenia.

Através destes tópicos, a Filosofia Clínica traduz a forma da pessoa estar no mundo de modo singular. O homem se relaciona com seu entorno de modo mecânico como qualquer organismo vivo, mas também o faz de modo consciente e interativo, não como uma coisa qualquer. Ele realiza tentativas contínuas de superar os choques e recuperar o equilíbrio. O modo como o sujeito lida com o entorno, a forma como os tópicos se organizam, os choques presentes neles, o peso que adquirem na malha intelectiva, os procedimentos usados pelo sujeito para conseguir equilibrar-se, tudo isto confere a sua vida aspectos de singularidade.

5. Tábua de submodos

Uma vez determinado quais são os tópicos fundamentais da Estrutura de Pensamento, identificados os choques nela contidos, o filósofo clínico estuda o modo como a pessoa lida com tais dificuldades. Alguns destes procedimentos podem ser usados e obterão sucesso; outros não conseguirão o mesmo êxito. Descobrir quais poderão ser usados e de que forma obterão sucesso é o planejamento clínico. Assim, o filósofo clínico usará os submodos importantes para o partilhante, mas não o fará do mesmo modo que ele. O que são os submodos? São, em síntese, os procedimentos utilizados pela pessoa para enfrentar seus problemas. A maneira usual de ela agir encontra-se na malha intelectiva e pode ser descoberta, levantando-se a sua historicidade, isto é, os submodos se formam na história de vida de cada um. A Filosofia Clínica identifica trinta e dois submodos que resumiremos a seguir. Estes procedimentos podem ser combinados de infinitas formas e também eles explicam o caráter singular da existência. A forma como se destacam, como estão combinados, como podem ser utilizados são próprios de cada pessoa.

Os submodos que indicaremos abaixo mostram diferentes formas de as pessoas resolverem suas dificuldades. Eles deixam ver procedimentos que se cristalizam na história de vida de cada um e se torna um estilo de vida. Cada indivíduo constrói um modo próprio de viver e de responder a seus desafios. Os submodos adotados singularizam a forma como a pessoa lida consigo e com o que está a sua volta. Como poderá ser verificado pelos comentários que se se-

IV – SINGULARIDADE EXISTENCIAL E FILOSOFIA CLÍNICA

guem, o reconhecimento de que cada pessoa é única na forma como escolhe e usa os submodos faz da fenomenologia o procedimento metodológico e filosófico que une e constitui o fundamento dos submodos. Os outros submodos podem receber colaboração de outras escolas filosóficas, a Filosofia Clínica convive com outros métodos usados pela medicina (experimental) ou pela psicologia (estatístico), mas é a fenomenologia que lhe confere o nexo e lhe serve de fundamento.

O primeiro submodo é denominado *em direção ao termo singular*. Ao empregá-lo, o clínico espera ajudar a pessoa a ter clareza em relação a um assunto que a incomoda. Muitas vezes a pessoa entende que uma situação a desagrada, a deixa angustiada, mas não sabe dizer claramente o que produz o mal que experimenta. É toda a situação, parte dela ou a ocasião em que ela ocorre? O filósofo clínico vai procurar responder a estas questões. É importante identificar o que causa o choque. Tipificar o choque é o que se deseja com este submodo.

O submodo seguinte é chamado *em direção ao termo universal* e representa o movimento contrário ao realizado no primeiro submodo. Há situações em que é importante não ficar preso a um caso, ou a um aspecto, mas pensar o conjunto. Trata-se, pois, de generalizar. Exemplo de emprego deste submodo ocorre nos casos em que a pessoa se queixa de que enfrenta os piores problemas do mundo. Na avaliação que faz de sua vida, nenhuma outra lhe parece tão desgraçada. Se este for um procedimento válido, o clínico irá ampliar o foco de observação. Indicará que todas as pessoas passam por dificuldades e que para elas suas dores também parecem grandes. A dor de cada um parece-lhe a maior, porque é ela que lhe dói; a dor é uma experiência que se faz só. A dor do outro só me afeta indiretamente. Com o movimento de universalização, o clínico fornece uma perspectiva diferente da empregada pela pessoa. O uso do submodo lhe indicará sua singularidade existencial, sem avaliá-la como a pior trajetória possível.

O submodo de número três é cognominado *em direção às sensações*. Ele traduz o caminhar da pessoa em direção às sensações, explica Lúcio Packter no *Caderno H*. Como o clínico emprega este submodo? "Estimulando, direcionando, usando de procedimentos como a esteticidade e a associação de submodos" (p. 5). É evidente que o uso clínico do submodo depende de saber se o contato direto com as coisas que circulam a pessoa é benéfico para ela. Há indivíduos para quem aprender alguma coisa significa passar por uma experiência sensorial, sem isto tudo lhe parece estranho e distante. Para outras se passa exatamente o oposto – cheiros, sons, gosto, toques criam mais problemas que soluções. Faz parte da singularidade existencial da pessoa esta maneira de lidar com o mundo. Antes de colocar a pessoa em contato com as coisas através da sensação, o clínico deve descobrir se este é um caminho válido para lidar com as dificuldades dela.

O submodo seguinte é conhecido por *em direção às ideias complexas*. Há situações específicas no universo da cultura em que a pessoa é levada a associar termos, formular juízos, organizá-los em teorias, "ampliando uma rede de pensamentos que a cada instante se afasta muito dos dados básicos, sensoriais, aqueles oriundos da experiência" (idem, p. 7). É evidente que este procedimento é comum e necessário a um cientista ou a um filósofo. Ele é desafio a elaborar teorias ou explicações gerais sobre a realidade, sem as quais

IV – SINGULARIDADE EXISTENCIAL E FILOSOFIA CLÍNICA

mergulharíamos no medo do desconhecido. Contudo, nas situações rotineiras da vida, adotar um procedimento desta natureza pode afastar a pessoa de seus problemas e a impedir de entender o que realmente está se passando com ela. Em síntese, se ela necessita de ideias complexas para viver, mas as que elaborou estão criando choques em sua malha intelectiva, o que fazer? Lúcio Packter no mesmo *Caderno H* ensina a "derivar das ideias antecedentes, de modo adaptado à singularidade da pessoa, novas ideias, subsequentes e consequentes, que darão uma diretriz de resolução à pessoa – tão satisfatória quanto possível" (p. 7). Se o clínico tiver êxito, a pessoa substituirá algumas ideias complexas por outras que não lhe trazem dificuldades.

Esquema resolutivo é o outro submodo usado na Filosofia Clínica. O que é um esquema resolutivo? Há muita gente que procura resolver suas dificuldades ensaiando soluções. Para resolver um desafio qualquer, sempre há vários caminhos, uns mais simples e rápidos, outros mais longos. As opções escolhidas e as formas variam de pessoa para pessoa e dependem muito do que se espera obter. Uma opção pode ser mais fácil, mas pode produzir um efeito menos duradouro; outra mais difícil pode levar a resultados definitivos. O que mais importa ao sujeito: um caminho mais rápido com resultado menos duradouro ou o contrário? Há quem resolva rapidamente seus problemas e há os que demoram, há quem privilegie a análise racional, outros preferem seguir suas emoções. Todas estas variáveis afetarão o resultado. Lúcio afirma que "a pessoa pode habitualmente usar um esquematismo rígido para todas as coisas, alguns esquematismos para quase todas as coisas, esquematismos próprios a cada coisa e ausência de esquematismo identificável" (idem, p. 11).

Os esquemas que a pessoa usa podem não estar promovendo o que ela espera; ao contrário, podem estar produzindo efeitos ruins e levando a choques em sua estrutura de pensamento. Cabe ao clínico, afirma Nichelle Paulo, "fazer a pessoa perceber as várias opções e tomar uma decisão, mesmo que esta seja temporária e desde que seja satisfatória para o assunto tratado. O esquema resolutivo é, na verdade, um processo de desconstrução dos choques existentes na EP" (p. 91). Trata-se de um procedimento adequado à solução da dificuldade existente.

Em direção ao desfecho é o submodo que força a pessoa a ir ao fim de um assunto ou tema. Muitas vezes a pessoa vive uma situação inacabada. Vejamos um exemplo: uma pessoa vive muitos anos de sua vida infeliz, porque o trabalho lhe impede de fazer uma série de coisas que julga fundamental para sua alegria, saúde e felicidade, mas ela não consegue deixar este trabalho. Ensaiou abandoná-lo dúzias de vezes ao longo dos anos, mas não o faz, pois encontra sempre uma desculpa para não fazê-lo. É como uma gestalt aberta. O clínico identificará se a argumentação está construída sobre juízos, pré-juízos, conceitos, sensações para levá-la até o fim, permitindo sua desconstrução e o término dos choques existentes na estrutura de pensamento. Explica Lúcio, no *Caderno H*, "que ele significa a condução de um raciocínio, de uma tarefa, de uma vivência, de um desenvolvimento pessoal qualquer até um fecho, um fim" (p. 16). O clínico ajuda a pessoa, aumentando a proposição feita por ela de modo que aponte para o desfecho.

Carl Gustav Jung concluiu em seus estudos que havia duas atitudes fundamentais que orientam a personalidade, um voltar-se para fora e um voltar-se para dentro. Todo homem vive

IV – SINGULARIDADE EXISTENCIAL E FILOSOFIA CLÍNICA

em si e se volta para fora, ensimesma-se e altera-se diria Ortega y Gasset. No entanto, Jung entende que uma destas atitudes prevalece e é consciente, estando a outra inconsciente. A Filosofia Clínica não contrapõe as duas atitudes, situando uma no inconsciente. Porém a Filosofia Clínica identifica as atitudes e denomina inversivas as pessoas que Jung chamava de introvertidas. *Inversão* é o nome dado por Lúcio Packter a esse modo de viver voltado preferencialmente para dentro. Trata-se de ir além da introversão de Jung; na inversão, a pessoa olha o que se passa nela, mesmo quando tem de falar de outro. Valendo-se deste submodo, o clínico procura penetrar o mundo do partilhante e ajudá-lo a encontrar suas sensações, sentimentos e pensamentos. Pessoas inversivas pensam tudo em seu próprio mundo e não dão um passo para fora dele. Isto não significa que ela deixará de ser o centro de onde constrói seu próprio modo de ser no sentido revelado pela fenomenologia; é a forma como ela pensa o próprio mundo o que a tipifica. Quando a pessoa quer se referir ao sofrimento de outro se refere a ele como se estivesse nela. As coisas que estão ali a sua volta quase não importam, ela quase não fala de nós, nem do grupo.

Se há os que só pensam o mundo a partir de sua própria experiência, ocorre também o contrário, como o notou Jung. Muita gente foi estimulada a não pensar em si diretamente, então aprenderam a resolver suas dificuldades olhando para o mundo do outro. O próprio mundo fica oculto, o mundo do outro não toma a forma de meu mundo. Lúcio denomina este submodo *recíproca da inversão*. Quando o clínico o utiliza deve precaver-se para que a ida ao mundo do outro seja realizada de uma forma que a pessoa compreenda o que está se passando. Trata-se, é claro, de uma ida ao mundo do outro no quanto isso é possível; Lúcio esclarece, confirmando a perspectiva fenomenológica na qual trabalha. Ele afirma no *Caderno I*:

> A pessoa abandona, subjetivamente, e na medida em que lhe é possível, seu próprio mundo existencial e passa a compactuar as coisas do ponto de existência da outra pessoa; é evidente que, por mais que eu me afaste de meu mundo existencial e me aproxime do mundo existencial da outra pessoa, de modo algum conseguirei ter a mesma concepção daquela pessoa a propósito das coisas que são percepcionadas por ela (p. 8).

Inversão e recíproca de inversão representam atitudes semelhantes à introversão e extroversão, mas a ênfase está na malha intelectiva, na forma como a pessoa se refere ao que se passa a sua volta.

O próximo submodo é chamado de *divisão*. Para entendê-lo, vamos voltar aos primeiros momentos do uso da técnica relatados atrás. Comentamos que, quando se colhe a historicidade, a pessoa conta sua vida e o clínico evita intervir no relato. Ao final da sessão, ele procurará ordenar a história ouvida e observará saltos temporais no relato. Ele divide a história ouvida e, quando percebe os lapsos, apresenta aquele vazio temporal, perguntando: o que houve no período? Ele espera investigar aspectos da historicidade da pessoa pouco explorados no relato inicial de sua história de vida. Este processo pode ser refeito várias vezes, se necessário, sempre para descobrir o que se passou em alguma época da vida da pessoa. Ensina Lúcio, no *Caderno I*, que "o clínico poderia agendar novas perguntas que segmen-

IV – SINGULARIDADE EXISTENCIAL E FILOSOFIA CLÍNICA

tariam ainda mais o processo, trazendo mais e mais dados pertinentes" (p. 10). Quando faz a divisão, o clínico precisa observar a reação da pessoa. Se ela começar a fugir do relato ou contar algo traumático, não será no momento inicial da coleta da historicidade a hora de aprofundar tais assuntos. Adiante será possível abordar melhor a questão, evitando aprofundar assuntos muito dolorosos no início do processo.

Outra questão importante refere-se ao conteúdo da verdade. Ao penetrar no mundo da pessoa e examinar como as coisas aí se passam, fica cada vez mais evidente que a verdade ou o que as pessoas tomam como tal está longe de se reduzir a frases exatas e testadas, como propôs o positivismo contemporâneo. Para representantes do círculo de Viena, conforme sabemos, "o significado de uma proposição se encerra na verificação do dado" (Carvalho, 1986, p. 36). No entanto, a questão da verdade não se restringe à justeza das afirmações como eles acreditam, mas ao modo como cada um representa o mundo, incluindo-se nessa representação o que Ortega y Gasset chamava de as crenças de um tempo.

Complementando o que foi anteriormente mencionado, o submodo *argumentação derivada* mostra que os dados categoriais não resultam de leis lógicas. Este aspecto foi percebido por Lúcio Packter, que a ele se referiu no *Caderno I* do seguinte modo:

> De um modo amplo, à medida que avançam os ensinamentos, a filosofia em clínica vai promovendo interseções cada vez mais abrangentes na malha intelectiva da pessoa e vão por terra quimeras como as estudadas e anunciadas por nossos mestres do Círculo de Viena (p. 11).

A comunicação humana é muito mais ampla que a linguagem falada e esta inclui elementos muito próprios do indivíduo. O submodo apresentado, em seguida, denomina-se *atalho*. Eis como Lúcio o descreve no mesmo caderno: "é um submodo clínico usado, quando possível, para ultrapassar eventuais problemas cuja solução exigiria tempo e esforços desnecessários dispendiosos e pouco oportunos" (idem, p. 14).

O atalho é a forma que a pessoa usa para resumir situações dolorosas nas quais pode ficar presa, por tempo demais, não sem grande sofrimento. Quando um partilhante demora muito para descrever uma situação, especialmente quando revela sofrer com o relato, pode-se pedir a ele para sintetizar o ocorrido. Isto é fazer um atalho, diminuir o tempo de contato dele com as experiências que o magoam e seguir adiante.

O submodo seguinte é a *busca*. Por busca entende-se a direção para onde as pessoas vão. A fenomenologia existencial referiu-se à vida humana como um projeto, um fazer-se singular, escolher o que se vai ser. Heidegger afirma em *Ser e tempo* (1962): "A angústia torna patente o ser aí, ser relativo ao mais peculiar poder ser, quer dizer, o ser livre para a liberdade de eleger-se e conduzir a si mesmo" (p. 208). A Filosofia Clínica trabalha com o entendimento de que cada existente tem um caminho singular a seguir. Nichelle Paulo no *Compêndio de Filosofia Clínica* explica a busca como "o dever, o projeto pessoal, o sonho guardado. Ela mostra para onde o sujeito está indo. Aonde a pessoa vai existencialmente" (p. 102). Em resumo, a busca é a operacionalização do projeto de vida de cada um. O que a Filosofia Clínica mostra é que a busca possui peso diferente na malha intelectiva das pessoas. Para alguns, ela é importante; para outros, a consciência do que se procura não é tão necessária.

IV – SINGULARIDADE EXISTENCIAL E FILOSOFIA CLÍNICA

Deslocamento curto e *longo* são os próximos submodos a serem listados. Há situações, explica Lúcio Packter, no *Caderno J*, que somente podem ser vividas quando o indivíduo a pensa fora do corpo, embora estes aspectos "se vinculem a ele através dos sentidos" (p. 11). Nas coisas é possível experimentar aspectos da própria subjetividade. Pode o clínico desejar fazer com que alguém muito abstrato volte sua atenção para as sensações. É evidente que este procedimento deve ser importante na estrutura de pensamento da pessoa. O *deslocamento longo* é o submodo que revela o mesmo movimento para fora, mas o deslocamento que a pessoa efetiva não se dirige a algo que está próximo dela, mas ao que está distante. O clínico pode usar estes dois submodos para desviar a atenção de uma situação difícil para uma outra mais agradável.

O submodo de número quinze é denominado *adição*. Este tópico traduz um conjunto de comportamentos que são necessários para realizar algo. Por exemplo, para participar de uma olimpíada, um atleta precisa ter um programa rigoroso de treinamento, alimentar-se de forma programada, descansar bastante, abster de participar de muitas festas, não beber nenhuma substância ou remédio sem acompanhamento de um médico especialista e, finalmente, renunciar a muitas coisas agradáveis aos jovens. Todas estas atitudes precisam ser feitas ao mesmo tempo para produzir o resultado desejado. Os técnicos ou os supervisores do atleta procuram associar o sucesso futuro às renúncias, de modo que elas pareçam menores diante do êxito a ser obtido. O filósofo clínico, quando emprega este submodo, faz algo semelhante ao técnico do atleta; ele associa aspectos agradáveis àquilo que significa renúncia ou limitações na vida do partilhante.

O outro submodo é nomeado como *roteirizar*. Nós sabemos o que significa preparar um roteiro quando vamos fazer uma série de coisas. Preparamos a lista das coisas a serem feitas e a ordem de execução das tarefas. Roteirizar em clínica é um procedimento semelhante. O clínico também pode empregar tal procedimento, preparando uma história com os dados colhidos na estrutura de pensamento do partilhante. Ao ver-se diante de uma dificuldade, a pessoa vai procurar aquelas atitudes mais adequadas para enfrentar o problema.

Vamos tratar agora do submodo *percepcionar*. Trata-se de uma estratégia muito engenhosa usada por certas pessoas. Todos sabemos que, quando estamos muito ansiosos, perdidos ou confusos, não conseguimos enfrentar as questões da vida com serenidade. Muita gente, diante de uma grande dificuldade, lembra-se dos momentos felizes, faz um relaxamento, escuta uma música agradável. A pessoa diz que está recarregando as baterias para enfrentar as dificuldades. Percepcionar é tomar consciência das situações agradáveis que nos envolvem. Em seu trabalho, o filósofo clínico pode pedir à pessoa que descreva uma situação agradável. É importante, neste caso, não permitir que a pessoa escape da situação que descreve. Para alguém que goste muito de viajar, pode-se pedir que fale de uma de suas viagens interessantes. O clínico pede que ela a descreva detalhadamente, sentindo seus elementos e lembrando-se do que mais a agradou. Assim fazendo, a pessoa recuperará a tranquilidade e ficará em condição de continuar a vida.

O tópico dezoito é a *esteticidade*. A esteticidade é uma forma de atalho. Como forma de comportamento, está concentrada em atividades manuais e físicas, como a dança, o esporte, o desenho, a escrita e a escultura. Muitas pessoas

IV – SINGULARIDADE EXISTENCIAL E FILOSOFIA CLÍNICA

relatam que conseguem realizar melhor um desafio quando dançam ou pintam, por exemplo. Relatam que é mais fácil realizar a tarefa desta forma que de outra, por exemplo, quando, pulando, expressam sua raiva. O uso clínico desse submodo propicia que a pessoa expresse o que está sentindo através das atividades mencionadas, ainda que não o faça de maneira ordenada, clara e coerente. Quando a atividade é direcionada, fala-se em *esteticidade seletiva*. Se este procedimento for adequado para o partilhante, o planejamento clínico terá sucesso em reduzir os choques ou as dificuldades que o perturbam.

A *tradução* é outro submodo usado na clínica. A tradução ocorre quando a pessoa escolhe uma outra forma de expressar o que sente. Todos conhecemos indivíduos que têm dificuldade de se declarar à pessoa amada de forma espontânea. Escolhem uma poesia ou uma música que consideram expressar o que estão sentindo e a recitam ou cantam para a amada. Não importa a beleza estética da música ou do poema, não é ela a condição para o uso. Se a pessoa não conseguir falar, mas souber cantar o que pretende comunicar, está muito bem, pois ela se expressará desta forma. Também não é importante que a pessoa cante bem, o que realmente interessa é seu empenho em expressar o que deseja. O clínico pode estimular a pessoa que lhe diga as coisas de uma forma não convencional, se for mais fácil para ela.

O submodo de número vinte e um é denominado *informação dirigida*. Alguns livros de autoajuda usam este procedimento. Algumas vezes é importante mostrar à pessoa como lidar com o envelhecimento, como se alimentar melhor etc. Quando usado em clínica, o que o filósofo espera é oferecer uma informação útil ao partilhante. A informação pode ser passada de muitos modos, os mais usados são o filme, o livro ou uma gravação. É necessário que a pessoa seja sensível ao meio escolhido e que a informação que obterá seja adequada ao modo como ela organiza seu mundo. O que fazer quando a informação é importante, mas não pode ser apresentada diretamente? Quando a informação é necessária, mas o partilhante não consegue lidar com seus elementos diretamente, ela pode ser apresentada indiretamente. Lúcio denomina este procedimento *vice-conceito*. Esse é um novo submodo que tem um objetivo que a informação dirigida não tem. O propósito do clínico é que a pessoa não perceba semelhança entre o material indicado na orientação que faz e suas dificuldades, uma vez que o partilhante não consegue admitir diretamente seus problemas.

Todos conhecemos ou já usamos a intuição. A intuição é uma forma de conhecimento direto e imediato de um assunto a que se chega sem o uso do raciocínio. Lúcio Packter observa que ela pode ser usado para ajudar as pessoas. Quando usada na clínica, pode levar a resultados inesperados, por isto parece razoável não utilizá-la quando as consequências são muito graves. No anexo ao estudo dos submodos, Lúcio Packter a define como "um resultado instantâneo das operações que utilizam os dados que provam e que estão em interseção com o organismo" (p. 11).

Retroação é outro submodo e frequentemente é empregado junto com a *divisão*. Os psicólogos o usam muito frequentemente. Trata-se de um empenho de voltar ao início, à origem de um fato ou problema. Quando alguém reclama que tem muito medo de um objeto, tenta-se entender o que se passou com a pessoa. Retroage-se até o momento da vida em que ele começou a sentir o medo, na expectativa de que ele o revele melhor.

IV – SINGULARIDADE EXISTENCIAL E FILOSOFIA CLÍNICA

Essa estratégia também foi muito usada na filosofia antiga. Platão e Aristóteles a empregavam para descobrir a origem do ser ou sua essência. O que faziam os metafísicos gregos? Perguntavam-se pela origem ou fundamento do real, aprofundavam sua investigação indo para trás, para uma posição inicial ou arquetípica. O fundamento era este arquétipo. Ortega y Gasset descreve tal procedimento de modo curioso, em seu livro *O que é a Filosofia?*, do seguinte modo:

> Os grandes problemas filosóficos exigem uma tática similar àquela que os judeus empregam para tomar Jericó e suas rosas íntimas: sem ataque direto, circulando em torno lentamente, apertando a curva cada vez e mantendo vivo no ar som de trombetas dramáticas (p. 13).

O que significa esse voltar para trás? Ir até a razão primeira. Pois bem, algo deste procedimento filosófico lembra o submodo, pois "a retroação é uma espécie de ir em direção ao desfecho em sentido contrário" (Anexo ao caderno de submodo, idem, p. 12).

Intencionalidade dirigida é outro submodo. Ele designa uma espécie de filtro das experiências e lembranças que as pessoas preservam, é um estímulo ao ato de escolher coisas interessantes em meio a muitas informações armazenadas. Todos nós usamos boas lembranças para pensar a vida com certo equilíbrio. Para algumas pessoas, este procedimento pode ser especialmente importante. Ele é empregado pelo clínico quando está diante de alguém que, seguidamente, fala da vida com imensa tristeza e desilusão. O filósofo pode

149

orientar a pessoa para lembranças mais agradáveis, para que ela consiga exprimir o que espera da vida, ou perceber melhor suas buscas.

O submodo seguinte é denominado *axiologia*. Ele refere--se aos valores, aquilo que se torna o farol da vida, o que dirige as escolhas que todos nós fazemos a todo o tempo. A vida das pessoas não é dada pronta, ela resulta das opções que a pessoa faz. A fenomenologia existencial mostrou isso ao descrever a condição humana e o viver como construir esta realidade peculiaríssima. Para muitas pessoas, alguns valores são apresentados pela cultura, mas elas não os sentem como tais. Em outros casos, elas têm valores diferentes que entram em conflito nas situações concretas da existência. Algumas vezes está claro para o indivíduo que os valores formam uma hierarquia, que é preciso escolher alguns e renunciar aos outros. No entanto, nas circunstâncias diárias, fazer isto não é fácil. Nem sempre as escolhas são feitas de forma pacífica e racional. No universo da cultura, a atenção dada aos valores ganhou grande importância no século XX como guia fundamental nas escolhas. Max Scheler considerou fundamental pensar a experiência moral na perspectiva que a fenomenologia abriu para entender a importância do valor nas escolhas. Outro pensador que contribuiu para o entendimento dos valores foi Ortega y Gasset. Ele procura explicar o aspecto objetivo dos valores e seu impacto nas escolhas. O principal para a fundamentação ética e a superação do relativismo moral se encontra na teoria dos valores que o filósofo apresentou em *Introducción a una estimativa*. Naquele ensaio, Ortega y Gasset esclarece que o valor não adquire sua condição porque nos agrada, ocorre mesmo o contrário, isto é, algo nos agrada porque tem valor. Em seguida, explica que os valores também não são coisas

IV – SINGULARIDADE EXISTENCIAL E FILOSOFIA CLÍNICA

desejadas ou desejáveis, pois podemos desejar o que não é um valor. Ao contrário, os valores são objetivos: "o caráter objetivo consiste em uma dignidade positiva ou negativa que no ato de valorização reconhecemos" (p. 327). Em seguida, diz que os valores formam uma qualidade singular de objeto, de tal modo que "a experiência dos valores é independente da experiência das coisas" (idem, p. 331). A estimativa que fazemos a partir dos valores depende do reconhecimento de um sistema de verdades. Este sistema depende de qualidades positivas e negativas e formam uma hierarquia: "A elegância é um valor positivo – frente ao negativo que é a falta de elegância, porém, por sua vez, é inferior à bondade moral e à beleza" (idem, p. 332). Os valores se organizam nas seguintes classes: úteis, vitais, espirituais (divididas em intelectuais, morais e estéticos) e religiosos. O desafio da ética orteguiana é criar uma cultura que respeite os imperativos vitais e não suprimir a cultura em nome deles. Assim parece ser, porque Ortega y Gasset chega a uma caracterização da moral como estrutura, quando organiza os valores em classes. Estas considerações de Ortega y Gasset são esclarecedoras do que são os valores e de como eles afetam nossas escolhas. A meditação de Ortega y Gasset lembra a experiência particular dos valores e a força deles na hora da escolha. Na clínica, Nichelle Paulo observa que axiologia frequentemente se combina com outros submodos. Ela diz no *Compêndio de Filosofia Clínica*: "A axiologia pode conduzir ou coincidir com uma paixão dominante. Na verdade, a paixão dominante, a busca e a axiologia estão entrelaçadas, a separação é só didática" (p. 124).

Autogenia é o nome que Lúcio Packter dá ao modo como a pessoa está estruturada. No submodo anterior, nós dissemos que os valores podem estar em conflito na malha intelectiva do partilhante e produzir choques. Os tópicos podem também possuir elementos que se reforcem ou se completem, relacionando-se de modo singular. Enfim, a pessoa pode estar organizada de muitos modos. Quando uma pessoa procura ajuda clínica, queixando-se de que está mal, mas não consegue dizer o que não está bem com ela, ordinariamente isto se deve a dificuldades de organização pessoal, choques na estrutura de pensamento. A questão é de autogenia; a organização não está adequada.

O próximo submodo é a *epistemologia*. Todos nós precisamos aprender muitas coisas e necessitamos de informações na hora de escolher. No entanto, o valor que estas informações têm na estrutura de pensamento varia muito. O que este tópico quer investigar é o modo como a pessoa procura conhecer a razão das coisas, a extensão do que ela busca saber no dia a dia. Para algumas, obter todo tipo de conhecimento é fundamental, saber a razão do que experimentam e por que o mundo funciona deste modo. Outros não têm esta mesma atitude e se preocupam em conhecer apenas algumas poucas coisas. As pessoas lidam diversamente com o conhecimento e, como se lê no anexo ao caderno de submodos, "sem saber como a pessoa conhece não dá para interagir com ela" (p. 17).

O submodo vinte e nove é denominado *reconstrução*. Se há choques na estrutura de pensamento, ou se há qualquer outro tipo de dificuldade pessoal que leve a pessoa a procurar ajuda clínica, o que ela espera é alterar a organização de sua malha intelectiva. Reconstruir é, portanto, organizar novamente a estrutura de pensamento, de uma forma que ela funcione melhor. Quando a pessoa passa por experiências fortes, ela acaba se valendo deste submodo. Alguém que vi-

IV – SINGULARIDADE EXISTENCIAL E FILOSOFIA CLÍNICA

via com os pais e os perdeu acaba precisando se reconstruir; quem teve desfeito um casamento de muitos anos, também. Os submodos usados, o esforço para superar os choques, tudo visa a ajudar a pessoa a se reconstruir.

O submodo seguinte é a *análise indireta*. Através dela se estuda como ocorre a relação entre o comportamento e a função, ambos já mencionados. A análise pode se concentrar em três aspectos: *ação*, que é o modo como a pessoa procede em relação a um determinado aspecto; *hipótese*, que é a forma como ela planeja resolver seus problemas; e, finalmente, *experimentação*, que é a análise das condições de realização dos caminhos enumerados na hipótese.

Expressividade é o submodo que traduz a forma como a pessoa se mostra aos que estão a sua volta. Há grandes dificuldades para aplicá-lo na clínica, porque nem todo mundo percebe a importância de não fingir o que não se é. A vida social exige certos papéis e isto contribui para a formação de uma conduta pouco transparente. O clínico procura mostrar à pessoa o que ela está passando, quais os choques que observa e suas outras dificuldades. É preciso, contudo, muito treino para funcionar como espelho e refletir para a pessoa o que ela está mostrando. A relevância de acolher o outro e permitir que ele se apresente sem receio foi estudada longamente pelo psicólogo americano Carl Rogers. No que se refere à relação interpessoal, em virtude da influência do método fenomenológico, Rogers entende que não adianta agir simulando o que não se é, pensa, sente ou percebe. Tentar simular qualquer destes aspectos é um desastre para as relações pessoais. Ele diz em *Tornar-se pessoa*:

> Descobri que sou mais eficaz quando posso me ouvir a mim mesmo, aceitando-me, e quando posso ser eu mesmo. Tenho a impressão de que, com os anos, aprendi a tornar-me mais capaz de me ouvir a mim mesmo, de modo que sei melhor do que antigamente o que estou a sentir num dado momento (p. 28).

A psicologia fenomenológica ensinou a compreender o outro como um mundo singular, a acolhê-lo sem restrição, porque seus representantes descobriram que a pessoa, quando percebe que pode ser o que verdadeiramente é, sem fingimentos, desiste de simular o que não é.

O último submodo enumerado por Lúcio Packter é denominado *princípios de verdade*. Ele não se refere a uma verdade consolidada, um pré-juízo, mas representa uma leitura da realidade que brota do diálogo. Em clínica, partilhante e filósofo podem concordar sobre um assunto sobre o qual conversam. Podem, contudo, pensar de modo diferente sobre eles, mas ainda assim manter uma ótima interseção. Esses princípios nascem do diálogo, abrem espaço para a interseção entre o clínico e seu partilhante. Geralmente, portanto, é princípio compartilhado.

O uso dos submodos na clínica filosófica pretende superar os choques existentes na malha intelectiva do partilhante. O que são os choques? São conflitos internos, não no sentido proposto pelos psicólogos, mas parecido. Paul Tillich, em seu livro *A coragem de ser*, refere-se aos choques na estrutura da personalidade do seguinte modo: "ansiedade é a consciência dos conflitos insolvidos entre os elementos estruturais da personalidade" (p. 50). Lúcio igualmente pensa que os elementos da EP podem adquirir uma configuração que não combina, formando os choques; mas se vão ou não causar ansiedade, isso é outra história.

6. A consciência do eu

No artigo intitulado *Recato necessário*, publicado no "Caderno Pensar" do jornal *Estado de Minas*, a psicanalista Inêz Lemos recorda o texto do romance intitulado *Memórias de uma jovem bem-comportada*, de Simone Beauvoir. Nele, ela aponta aspectos fundamentais da consciência do eu. Ao ser confrontada com a paixão comum das crianças pelas avelãs, considera que não precisava ser como todo mundo, dizendo: "meus gostos não me eram ditados pela idade, eu não era criança, era eu" (p. 3). A consciência do eu é, portanto, o reconhecimento de que a humanidade que está em mim se manifesta de forma única. Este é o aspecto nuclear da prática de consultório seguida pela Filosofia Clínica; cada homem é singular, entendê-lo é um desafio.

O que é a consciência do eu? É o contraponto da consciência objetiva, o voltar da consciência sobre si mesma. A consciência do sujeito se manifesta de quatro formas, que foram resumidas por Karl Jaspers em seu livro clássico *Psicopatologia Geral* (1979):

1. o sentimento de atividade: uma consciência de ação; 2. a consciência da unidade: sou um no mesmo momento, 3. a consciência de identidade: sou o mesmo que antes; 4. a consciência do eu está em oposição ao exterior e aos outros (p. 148).

A experiência do eu não é vivida do mesmo modo por todas as pessoas, além do mais é um desafio torná-la rica e variada. Filósofos como Jean Paul Sartre, Karl Jaspers e Ortega y Gasset, entre tantos outros, insistem nos riscos do autoesquecimento e do mergulho numa espécie de onda geral, um modo de viver igual a todo mundo. Esta perda da singularidade existencial é correlata da falta de sentido. Quanto menos rica é a experiência do eu, menos a vida parece ter sentido ou parece boa. A pobreza de consciência pode levar a uma vida sem graça, vazia, ou chegar, em seus extremos, à completa despersonalização.

A consciência do eu acompanha todas as percepções, pensamentos e sentimentos que temos. A personalização é o reconhecimento de que estes processos psíquicos são experimentados na primeira pessoa: sou eu quem pensa, percebe, sente e age. Quando a pessoa diminui esta consciência, perde o comando da vida e a consciência. Os casos mais graves desta perda se manifestam com a falta de sensação do corpo, a ausência de memória e a inibição dos sentimentos. A pessoa não reconhece as experiências vividas como próprias; ao contrário, diz que seus sentimentos, pensamentos, percepções, enfim, sua vida lhe foi tirada.

Em certo sentido, o pensamento obsessivo representa uma alteração na condução dos processos psíquicos. É como se certas ideias fossem introduzidas na consciência do sujeito sem sua vontade. Intromissão percebida com sofrimento, pois ideias invasoras insistem em permanecer ocupando a consciência como uma força estranha e à revelia do eu.

Outro fenômeno que afeta a noção do eu é a perda da consciência. A pessoa diz que seus pensamentos foram roubados por uma máquina, por seres alienígenas ou por alguém desconhecido. Também nestes casos ela não se sente dona do que pensa, pois considera que alguém se intromete em sua malha intelectiva e interrompe o que seria seu fluxo normal. Um pouco diferente é a situação das pessoas que sentem que seus pensamentos irrompem na consciência sem seu comando, mas elas sentem que eles vêm de alguma região escondida nela mesma, não parecendo completamente estranhos. A perda da consciência também se mostra na falta de comando das ações. O sujeito não se reconhece responsável pelas ações e diz que alguma força estranha é responsável pelo que ele fez.

Outras formas graves de despersonalização ocorrem quando a pessoa descreve o próprio comportamento ou seus pensamentos como se fossem de outrem. O eu aparece cindido, embora a pessoa se reconheça ela mesma. Mesmo reconsiderando certas vivências, reinterpretando fatos e mudando o que percebemos de nós, temos a percepção de que algo permanece idêntico no eu em meio a tantas mudanças. A perda deste fundo idêntico que dá identidade à pessoa é outra alteração da consciência. Finalmente, considere a situação vivida por pessoas que relatam o assédio de poderes estranhos em seu íntimo. Eles agem como se diferentes eus habitassem a sua pessoa e disputassem o controle da situação. Assim, num momento, um e, noutro, outro eu irrompem e agem na mesma pessoa.

A Filosofia Clínica usa o instrumental que antes descrevemos para fazer um desenho da malha intelectiva, reconhecendo a importância da singularidade pessoal na forma como se desenha a estrutura de pensamento. Ao tratar os indivíduos como singulares, o clínico espera tornar a vida psíquica deles mais rica e feliz. Nos casos graves de despersonalização mencionados, o filósofo clínico atua em parceria com outros profissionais, em especial com o psiquiatra e o psicólogo.

Considerações finais

O propósito da clínica é fazer o indivíduo responsável por sua vida, usando da melhor forma a configuração tópica que o individualiza. Este existente singular aprende a respeitar sua estrutura de pensamento, a evitar choques entre os tópicos e a se situar na circunstância. Este é o momento de maturidade para a Filosofia Clínica, pois cada indivíduo, mesmo sem possuir uma estrutura rígida, cujo equilíbrio é continuamente refeito, sente-se responsável por sua singularidade existencial. Ela buscará realizá-la como expressão de seu modo autêntico de existir. Se não fizer isto, mergulhará na inautenticidade ou despreocupação, e sua vida, mesmo permanecendo diferente das demais, segue uma alternativa possível, porém cheia de choques e sem sentido. Uma vida assim é uma vida de grande sofrimento e tristeza.

Bibliografia

AIUB, Mônica. *Sensorial e abstrato: como avaliá-lo na filosofia clínica*. São Paulo: APAFIC, 2000.

BARRETO, Francisco Paes. "O proibido e o obrigatório". *Estado de Minas* (Caderno Pensar), 24/06/2006, p. 6.

CARVALHO, José Maurício de. "Os estudos de Schlick sobre a causalidade – uma análise do problema dos universais". *Phibra*. Juiz de Fora, v. I, n. 2, 33-38, fev./abr. 1986.

_____. "A experiência moral e os valores no pensamento ético de Max Scheler". In: CARVALHO, José Maurício de (organizador). *Problemas e teorias da ética contemporânea*. Porto Alegre: EDICPURS, 2004.

_____. *Filosofia Clínica – estudos de fundamentação*. São João del-Rei, 2005.

_____. *Estudo de Filosofia Clínica – uma abordagem fenomenológica*. Curitiba: Ibpex, 2008.

CUNHA, Jurema Alcides. *Dicionário dos termos de psicanálise de Freud*. Porto Alegre: Globo, 1978.

GONÇALVES JR., Arlindo. "Ortega y Gasset", In: PECORARO, Rossano (organizador). *Os filósofos: clássicos da Filosofia*. v. III. Petrópolis: Vozes, 2009.

EY, Henry; BERNARD, PAUL e BRISSET, C. *Tratado de psiquiatria*. 8ª ed., Barcelona: Toray Masson, 1978.

HEIDEGGER, Martin. *El ser y el tiempo*. 2ª ed., México: Fondo de Cultura econômica, 1962.

HUGO, Victor. *Os miseráveis*. São Paulo: Hemus, s/d.

JASPERS, Karl. *Psicopatologia Geral*. Rio de Janeiro: Atheneu, 1979.

LEBRUN, Jean Pierre. "Entrevista". *Veja*. São Paulo: Abril (2142):42, 21-25, 09/12/2009.

LEMOS, Inêz. "Transformações do desejo". *Estado de Minas* (Caderno Pensar), 25/04/2009, p. 3.

_____. "O que deixar aos filhos". *Estado de Minas* (Caderno Pensar), 30/12/2006, p. 3.

_____. "Luxo e Tédio". *Estado de Minas* (Caderno Pensar), 25/06/2005, p. 3.

_____. "Recato necessário". *Estado de Minas* (Caderno Pensar), 28/11/2009, p. 3.

ORTEGA Y GASSET, José. *O que é a Filosofia?* Rio de Janeiro: Ibero-americano, 1971.

_____. "Introducción a una estimativa". *Obras Completas*. vol. VI. 2ª reimpresión. Madrid: Alianza, 1997.

PACKTER, Lúcio. *Cadernos de Filosofia Clínica*. Porto Alegre: Instituto Packter, 1997/1998.

_____. *Filosofia Clínica*. In: www.filosofiaclínica.com.br.

PAULO, Margarida Nichele. *Compêndio de Filosofia Clínica*. Porto Alegre: Imprensa Livre, 1999.

PROUST, Marcel. *No caminho de Swann*. Porto Alegre: Globo, 1972.

ROGERS, Carl. *Tornar-se pessoa*. 2ª ed., Lisboa: Martins Fontes, 1961.

TILLICH, Paul. *A coragem de ser*. 3ª ed., Rio de Janeiro: Paz e Terra, 1976.

WAISBERG, Maria Thereza. "Fumaça de Auschwitz". *Estado de Minas* (Caderno Pensar), 28/03/2009, p. 3.

ANEXO

Entrevista concedida à Assessoria Virtual do Instituto Packter, em relação às questões propostas no livro *Introdução à Filosofia da Razão Vital de Ortega y Gasset*, no diálogo com a Filosofia Clínica

1. Como o trabalho de Ortega y Gasset auxiliou no reerguer da cultura espanhola começado pela geração de 1898?

R.: O ano de 1898 trouxe um trauma para a Espanha. Apenas três anos depois da vitória magnífica sobre os cubanos, um novo conflito trouxe uma derrota definitiva das forças espanholas daquele país. As antigas colônias haviam se libertado do domínio espanhol. Este episódio marcou vários intelectuais e estimulou a repensar o passado da Espanha. Autores como Macias Picavea e Damián Isern lideravam um grupo de intelectuais que apontavam as causas da decadência da Espanha em vários campos: político, religioso, moral e literário. O que eles esperavam era formar um grupo de jovens capazes de levar adiante a tarefa de repensar a Espanha. Este grupo foi consagrado por Azorin pela expressão *geração de 98*. Naquele ano, Ortega y Gasset tinha apenas quinze anos e havia terminado sua formação média. Em 99 iniciou seus estudos na Universidade de Madri, já tocado pela necessidade de renovar a cultura espanhola. Este era o objetivo básico da geração de 98, crítica da incultura reinante na Espanha. Foi por considerar insuficiente a formação que recebeu na Espanha, para realizar o que cobrava de si, que dirigiu-se à Alemanha para completar sua formação. Durante pouco mais de dois anos andou pelas Universidades de Leipzig, Berlim e Marburgo. Ali encontrou os elementos que seriam o ponto de partida de sua meditação, cuja singularidade vem com a superação do culturalismo e neokantismo alemão. Com o raciovitalismo, Ortega y Gasset renovou a cultura espanhola – esta é uma avaliação unânime de quem estuda hoje sua obra –, havendo cumprido com sobra o propósito de regeneração da Espanha. Contudo, a contribuição de Ortega y Gasset não se limita a isto. Ele é um autor imprescindível para se pensar o mundo hoje. Ele é um espanhol, nunca abdicou de sua condição, mas deu a esta circunstância um significado diferente do que usualmente se dava. Como ele faz isto? Ele pensa a tradição filosófica do Ocidente com os olhos do homem espanhol. O que há de mais impressionante em sua obra é o reencontro com Cervantes, diálogo do qual brota um Quixote reconstruído. Ao examinar o significado de circunstância, deparou-se com o que estava a sua volta e muito do que havia a sua volta era Espanha. A leitura do passado da Espanha é assunto fundamental de sua reflexão. Ele o revitaliza. Estudar o passado da Espanha foi um dos propósitos da geração de 1898. Sua interpretação deste passado é criativa e fecunda. Não há fixação no Contrarreformismo nem se toma a moral católica para justificar as dificuldades do país. Esta se tornara uma forma de tratar a questão depois da divulgação dos estudos de Max Weber sobre a relação entre a religião e a atividade econômica. A tradição filosófica espanhola emerge dignificada nos textos orteguianos, e o legado de seus principais pensadores ganha um novo significado em sua obra. O diálogo com a tradição cultural europeia é constante, mas refeita segundo a perspectiva de um ibérico. José Ortega y Gasset é atualmente o filósofo mais lido na Espanha e sua influência cresce em outros países da Europa, tornando-se um pensador importante sobre o qual se debruçam as novas gerações. Os estudiosos contemporâneos de Ortega y Gasset valorizam hermenêuticas que consideram sua evolução intelectual examinando com atenção a superação da fase germânica de seu pensamento. Da meditação própria vem a segunda e decisiva etapa da filosofia orteguiana, assegurando coerência a seu pensamento. Na primeira fase, Ortega y Gasset teve influência do neokantismo alemão. A segunda fase é marcada pela recepção de *Ser e tempo de* Martin Heidegger, pela descoberta de Wilhelm Dilthey e pela redação de *Qué es filosofia?* e *La rebelión de las masas*. Nesta segunda fase temos já concebido um pensamento próprio. Nossa hipótese é de que isto foi possível devido à superação das posições neokantianas às quais o filósofo havia aderido. Neste processo considerou insuficiente, como buscavam os alemães, identificar a singularidade das ciências da cultura e passou a examinar as condições da experiência cultural, chegando ao conceito de circunstância. Este conceito renovou o pensamento orteguiano, consistindo nisto o que há de mais original no legado filosófico orteguiano.

2. Quais as influências de Hermann Cohen e Wilhelm Dilthey sobre a obra de Ortega y Gasset?
R.: Cohen e Dilthey influenciaram bastante Ortega y Gasset. O espanhol estudou na Alemanha. Através de Cohen foi apresentado à obra de Emmanuel Kant, o qual Ortega y Gasset tomou como referência por muitos anos, até que as exigências teóricas do raciovitalismo o levaram a romper com o kantismo. Cohen ensina Ortega a nunca abdicar de organizar um princípio para entender a realidade. Com Dilthey, Ortega estabeleceu um diálogo fundamental. Ortega observa que Dilthey foi um dos primeiros a reclamar um estatuto epistemológico próprio para as ciências humanas e fez isto num tempo em que ainda não se estava discutindo o problema. Como entender as chamadas ciências humanas? Qual era seu estatuto epistemológico? A novidade de sua proposta foi fazer da historicidade uma espécie de denominador comum das ciências humanas. Nenhum estudo sobre o homem deveria deixar de considerar a história como o princípio que propõe um sentido para a vida. Na filosofia de Dilthey, Ortega encontra o princípio que faltava a Cohen no esforço que ele fizera para dar às ciências humanas o que Kant dera para as ciências da natureza no século anterior. Estavam em Dilthey os mesmos elementos que levaram Ortega a dizer que o homem não tem natureza, mas história, ou melhor, que sua condição era histórica. Isto não significa que Ortega y Gasset concorde com tudo o que Dilthey propôs, a filosofia não se faz, por exemplo, por indução histórica. Em contrapartida, Ortega dá razão a Dilthey quando ele mostra a força do passado (ou dos pré-juízos, como diria Lúcio Packter) sempre que o homem se dispõe a pensar e enfrentar

os problemas do tempo presente. Ortega também se vale de Dilthey para criticar os rumos que o idealismo deu à filosofia nos tempos modernos. Afirma que ele é um nome fundamental da filosofia do século XIX, porque colocou como problema fundamental a vida situada no tempo. Esta é uma combinação muito rica: vida e tempo. O diálogo de Ortega com os dois filósofos foi analisado nos itens II, III, IV, V, VI e VII que integram o capítulo 1 do livro *Introdução à filosofia da razão vital de Ortega y Gasset*, publicado pelo CEFIL.

3. *Meditaciones del Quijote* e escritos posteriores levaram à elaboração da *Filosofia da razão vital*, resumida na conhecida expressão: *Yo soy yo y mis circunstancias*. Quais as aproximações que podemos traçar com relação à Filosofia Clínica?

R.: Há muitos aspectos da filosofia orteguiana que são importantes para a fundamentação teórica da técnica proposta por Lúcio Packter. O conceito de vida em Ortega é fundamental, bem como o que no raciovitalismo pode ser aproximado da fenomenologia. O que é vida? É algo que se experimenta na primeira pessoa; só é razoável se falar em minha vida (que na clínica filosófica se denomina singularidade existencial). A vida é um que fazer contínuo, constitui uma história. Se quisermos conhecê-la, temos de construir a historicidade. Não que minha vida seja o maior valor do universo, mas nela nada mais existe para mim. Vida é o que somos e fazemos, é a realidade mais próxima de cada pessoa. Vida é o que se passa conosco, é uma aventura única, não podemos nos dar ao luxo de desperdiçá-la. O modo como o mundo aparece para mim, o modo como penso a mim mesmo neste mundo, todas as referências que tenho dele fazem parte da minha vida, pertencem a ela. Não posso falar de pessoa e mundo, separando um do outro. O conceito de vida orteguiana se ajusta como luva na base dos trinta tópicos que constituem a Estrutura de Pensamento (EP) desenvolvida por Lúcio Packter. A vida é inteligência, é razão, é emoção, é história, é sensação, é o modo como penso a mim e ao mundo, a maneira como rumino meu pensamento, as expressões que uso para me comunicar, a forma como uso a linguagem etc. Muitos são os pontos de contato, portanto. É claro que Ortega y Gasset, quando tematiza a vida, tem em vista uma questão metafísica, a saber, superar os limites do idealismo e do realismo no tratamento do princípio fundamental. Lúcio trata dos aspectos da vida com vistas à prática clínica, mas o eixo central do raciovitalismo é essencial para fundamentar a prática clínica. Uma consideração final: quero destacar o essencial da frase orteguiana a que você não fez menção na pergunta que me dirigiu. A frase de Ortega é assim: *"eu sou eu e minha circunstância e se não a mudo não mudo também a mim"*. A segunda parte da frase não é dispensável, pois só mudo minha vida transformando minha relação com meu passado, com meus sentimentos, minhas emoções, visão de mundo, pessoas; enfim, dando coerência a tudo isto que, às vezes, vivemos de forma fragmentada e desconexa. Se mudo minha relação com todo este material mudo minha vida que não se separa de tudo isso. Todo o capítulo II do livro *Introdução à filosofia da razão vital de Ortega y Gasset* trata do conceito vida na filosofia orteguiana.

4. Em *La rebelión de las masas*, obra de 1929 que despertou muita polêmica quando apareceu, Ortega y Gasset concebe que a liderança social deve ser exercida por um pequeno grupo de intelectuais, grupo reconhecido pelos cidadãos. Tratava-se de uma das suas respostas ao processo de massificação. Seria esta uma das respostas para países como Venezuela e Bolívia, considerando os devidos contextos peculiares?

R.: Não faço esta interpretação do pensamento de Ortega y Gasset, e, feita assim, a pergunta não traduz bem o propósito do filósofo. Vou tentar desenvolver minha interpretação do pensamento orteguiano. O que Ortega viu quando olhou as pessoas de seu tempo? Observou que os homens viviam uma vida cada vez mais dependente da alta tecnologia, as diferenças materiais entre eles estavam se reduzindo, todos queriam possuir mais coisas, fazer mais coisas, gozar mais a vida, aproveitar-se dos benefícios da ciência, beneficiar-se dos serviços de um Estado eficiente, ter uma vida mais confortável, enriquecer. No entanto, ninguém queria se ocupar profundamente com as questões que asseguravam a continuidade de tais benefícios, nem fazer muito esforço para realizar tais propósitos. As pessoas julgavam que tudo acontecia automaticamente quando se apertava um botão – o mecanismo está desencadeado e o problema resolvido. Aperta-se o interruptor e a luz se acende – pronto, isto é tudo –, não é preciso fazer mais nada. O homem massa é aquele que não percebe que a cultura e os bens nascem do esforço contínuo e do empenho. Não enxerga que os desafios da vida só serão superados com muito empenho e dedicação. A luz só se acende quando pressionamos a tomada por causa do trabalho contínuo dos engenheiros elétricos, dos operários, dos distribuidores, dos trabalhadores do escritório das companhias elétricas; enfim, de uma multidão de pessoas. Toda esta gente tem de encontrar nova solução para os problemas que surgirem, e a vida sempre traz novos desafios. As gerações passadas mudaram o mundo com muito trabalho e as novas só continuarão a fazê-lo com o mesmo empenho. Isto preocupava Ortega y Gasset: se as pessoas não cuidarem de dar o melhor de si, a sociedade como um todo não manterá o mesmo desenvolvimento. A humanidade se colocaria em risco. No entanto, acrescenta o filósofo, a vida não é só trabalho e preocupação, é alegria. Para alguns, a dedicação a uma causa é a própria alegria. Vamos ao essencial da questão. O que Ortega y Gasset entende é que é necessário dar ao homem comum o mesmo afã e compromisso que os verdadeiros intelectuais e grandes artistas possuem, não para fazer de todos intelectuais ou artistas, mas para fazer com que todos cumpram a própria vocação, realizem com alegria a missão que dá sentido a sua vida. Cada um tem uma vocação e algo que torna a própria vida singular. É isto que deve ser explorado, o sentido único que esta vida tem. Ortega y Gasset espera que o homem comum, ao olhar para os grandes homens, encontre motivação para ser ele mesmo. A liderança que ele proclama é moral. Não se trata de estabelecer um governo de intelectuais e cientistas. Isto é proposta platônica e/ou positivista, mas não é o intento orteguiano. Em política, ele está próximo das versões sociais do liberalismo. Explico as posições políticas de Ortega no capítulo 7. A crítica de Ortega ao homem massa tem essencialmente um sentido moral. A massa quer ter direito, mas não obrigações, espera a boa vida, mas nada faz para tê-la, deseja benefícios, mas

ANEXO

não quer correr os riscos que eles trazem. Essas massas entregam seu destino a um ditador e esperam que ele resolva tudo por elas. Esperam que ele resolva seus problemas, que lhes retire dos riscos e lhes ofereça um futuro seguro. Portanto, a crítica de Ortega é aos governos totalitários e aos ditadores, ou às razões que os constituem.

5. Qual é a fronteira final no que concerne à realidade última do ser humano para Ortega y Gasset?
R.: Para Ortega, a vida é a realidade fundamental, é ela que precisamos esclarecer. Se não há vida, não há nada que resista a nossa presença. A vida de cada qual é o centro. Deus é importantíssimo para quem fizer dele importante e não o será para quem não fizer Dele essencial. Creio que é o que o filósofo clínico também entende, a vida de cada qual é única. É disto que Ortega y Gasset fala. O que transcende a vida ou o que não a pressupõe não é tema da filosofia. Nós explicamos isto no item 10 do primeiro capítulo de nosso livro. Como Ortega explica isto? Para ele, a filosofia tem por desafio esclarecer os problemas relativos à presença humana no universo. Na meditação contemporânea, este desafio aparece como superação do idealismo e do realismo. O pensamento faz parte do eu e o mundo exterior existe devido a ele. O resultado é que existe um eu no mundo, e o eu e o mundo exterior são inseparáveis um do outro. O eu coexiste com o mundo, o que quer dizer que o mundo não se separa do eu por causa de minha vida. Ela é a realidade radical que a filosofia reconhece e tem de esclarecer em nosso tempo. Fora da vida nada há. A razão ajuda a esclarecê-la, ela a en-

riquece, desvelando suas possibilidades. Uma vida não será humana se renunciar ao uso da razão, se deixar de lado a possibilidade de pensar. No entanto, a vida não se resume a pensar. Vida é a de cada um, mas também a de toda a comunidade de homens, cujo conjunto denominamos humanidade.

6. Ortega y Gasset retornou à Espanha após 1945 e fundou o Instituto de Humanidades. Teve problemas com o regime do general Francisco Franco. O que aconteceu?

R.: Ortega foi figura marcante em seu tempo. Os grandes homens criam admiradores e adversários. Ele foi expulso da Universidade de Madrid por suas críticas ao governo espanhol, viveu boa parte de sua vida no exílio, criticou outros governos da Europa no que eles tinham de pouco humano. Ensinou em vários lugares do mundo, nas universidades e fora delas. Já velho, voltou a morar na Espanha, talvez já sentindo os primeiros sintomas da doença que o vitimou. Muita gente não o perdoou, porque ele recebeu aposentadoria de Professor que o Estado concedeu a todos os perseguidos que retornavam, mas isto não significou apoio ao franquismo, ou melhor, ao que o sistema político de Franco tinha de pouco humano. O Instituto de Humanidades foi o legado de Ortega aos espanhóis, um convite para que pensassem, como espanhóis, os fundamentos e rumos da cultura ocidental a que pertencem. O Instituto é a porta de um pensamento democrático, que rejeita a ditadura e a irresponsabilidade ética.

ANEXO

7. A partir de seu livro sobre Ortega y Gasset, que foi resenhado pelo professor da Universidade Católica de Goiás, Will Goya, especialmente para esta página, filósofos clínicos estão aprofundando os estudos no filósofo espanhol. O senhor sugere que o estudo do raciovitalismo orteguiano é fundamental para o filósofo clínico. Poderia então identificar os pontos de aproximação entre Ortega y Gasset e a Filosofia Clínica criada por Lúcio Packter?

R.: Nas questões anteriores, já abordei diversos aspectos desta questão. Em síntese, o conceito de "minha vida" proposto por Ortega fundamenta os tópicos da EP. A partir disto, é possível ir tecendo pontos de aproximação como fiz em minha comunicação no *V Encontro de Filosofia Clínica*, realizado em Belo Horizonte. Posso recordar alguns destes pontos agora. A filosofia da razão vital ou raciovitalista olhou a vida como aventura única, singular, irrepetível e situada. É na vida que deve ser colocada aquela razão última que nos leva a pensar o mundo, fundamento que os filósofos procuram há milênios. O pensamento, a elaboração das categorias, não é, para Ortega, uma ação derivada da natureza racional do homem, mas uma resposta às dificuldades que a vida traz. Viver já implica entender, a vida pode ser percebida desde dentro, o homem tem esse lado, ensinava Fernando Pessoa. O filósofo clínico trabalha sob esta ótica quando entende que organizamos vários tópicos da estrutura de pensamento para lidar com os desafios da vida. Cada homem há de construir seu mundo, como diz a fenomenologia, mas Ortega entende que existem talentos, uma vocação que permite que os homens procurem realizar um impulso interior e possa alterar o que está a sua volta.

Ao contrário dos existencialistas, Ortega não entende que o homem cairá necessariamente no malogro ao executar sua missão. Os filósofos clínicos concordam com isto. Existem pessoas que fracassam quando procuram agir coerentemente, mas outras conseguem realizar isto muito bem. Os desafios da vida são para existencialistas, como Sartre e Camus, impossíveis de serem vencidos. Ortega, como esclareci no livro *Introdução ao raciovitalismo de Ortega y Gasset*, "é mais otimista, porque para ele nem sempre as condições históricas e pessoais tornam impossível a realização da vocação de cada homem. A derrota não é decretada de antemão" (p. 101). O trabalho clínico merece ser embalado pelo entusiasmo com que o filósofo espanhol aposta na possibilidade de viver com alegria e de vitória sobre as circunstâncias que dificultam uma vida sem choques e conflitos íntimos. Ao reconhecer a importância da distração e da face lúdica da vida, o que o filósofo pretende dar é nova tônica à percepção trágica que os existencialistas acima mencionados nela enxergam. Não se foge dos dramas, mas a vida não é trágica, a tragédia faz parte da vida. Algumas pessoas são mais alegres, outras menos, mas a alegria e a distração não são, por sua vez, "falta de compromisso, nem significa que o homem não possua necessidades" (idem, p. 103). Ao referir-se à vocação de cada um, Ortega deixa o ensinamento de respeito ao caminho escolhido pelas pessoas, a trilha de cada um é construção pessoal, é única como confirma a prática clínica. O filósofo clínico não deve interferir nas decisões do partilhante, a filosofia de Ortega esclarece as razões. Ortega entende que a atividade filosófica é a mais profunda volta do homem a si mesmo. O filósofo clínico usa tal retorno, como disse Ortega, para um

> Acerto de contas de alguém consigo mesmo, na pavorosa nudez de si mesmo, diante de si mesmo. Diante do outro não estamos, não podemos estar integralmente desnudos (...). A filosofia não é, pois, uma ciência, mas pôr as coisas e a si mesmo desnudo, em pura carne, naquilo que puramente são e sou – nada mais (p. 145).

Portanto, considero que o clínico deve oferecer ao partilhante a oportunidade de estar consigo mesmo e dividir com ele aquilo que ele quiser compartilhar. O acerto de contas do sujeito consigo é oportunidade de mirar sem disfarce as incongruências da forma de viver manifestada nos conflitos presentes na EP. Ortega oferece a explicação para a dificuldade que as pessoas têm de superar os choques em seu modo de ver o mundo. No entendimento de Ortega, uma das formas mais fecundas de entender cada homem é investigar seu passado e o que ele espera do futuro. O passado e o futuro mantêm um vínculo inseparável. Para ele, "o passado só tem sentido em razão do futuro, ele está presente na vida do homem por exigência do futuro. É no passado que se buscam as possibilidades de edificar o devir" (idem, p. 109). Esta é uma boa indicação para o clínico, o levantamento da historicidade do partilhante é o primeiro e decisivo passo para o sucesso da clínica. Confrontar a busca com a retroação. O futuro não é pura extensão do passado, o futuro é imprevisível, mas o passado é um farol a iluminá-lo. O fazer da vida não é, contudo, ação irrefletida, ação por ação, como qualquer animal realiza, observa o filósofo. Para viver, o homem não tem como evitar de pensar, conhecer, estabelecer esquemas resolutivos que o levem a resolver os problemas que a vida lhe traz. Para Ortega, não faz sentido separar a razão do viver, assim as explicações que o homem cria para entender a realidade nascem das necessidades que sua geração experimenta ao levar adiante sua vida. A filosofia clínica ensina que os esquemas resolutivos constituem a estratégia de decisão da qual o homem não tem como escapar em suas ações. Para formar esses esquemas, o homem emprega diversas categorias que a filosofia clínica reúne na EP. Em outras palavras, o mundo de cada qual é o modo como a realidade é vista. Segundo o clínico, ele vem das categorias pelas quais o sujeito pensa a si no mundo, em especial, das categorias circunstâncias, lugar, tempo e relação. O mundo do indivíduo, esclarece Ortega ao tratar da mesma questão, é único, forma uma singularidade existencial. Inclui sentimento, imagens, vontade, instinto e faz da vida humana um modo de ser diferente dos outros seres. Os seres sem vida são pura exterioridade, mas o interno da carne não chega nunca por si mesmo (...) é radical, absolutamente interno. Ao referir-se ao modo como o mundo aparece para cada homem, Lúcio Packter entende o que o partilhante fala de seu mundo, com seus limites, com sua própria medida do mundo. Ao considerar o relato da pessoa sobre seu mundo, muito ganharia o clínico se levasse em conta as meditações de Ortega, porque elas esclarecem diferentes aspectos da singularidade existencial e unicidade da vida. Existe um outro aspecto relacionado à singularidade do viver e que ganha destaque na reflexão orteguiana. A vida é a procura de felicidade. Aqui não se trata de felicidade no sentido aristotélico ou tomista, mas do fato de que o homem aspira realizar algo

ANEXO

de único. Uma pedra ou uma cadeira não aspira nada, elas são o que são desde o início. A vida do homem, segundo Ortega, é constante inquietude, movimento. O filósofo se refere a ela no gerúndio, "a vida não é um *factum*, mas um *faciendum*, o que há que fazer não é um substantivo, mas um gerúndio" (p. 217). A procura da felicidade traduz o entendimento de que cada qual procura seu próprio caminho, pois o que cada um entende valer a pena procurar não é o mesmo que o outro aspira. A história particular de cada um coincide com a constatação do filósofo clínico ao realizar os exames categoriais: as pessoas não são iguais e, portanto, não devem ser tratadas como se fossem. A trajetória de cada homem esclarece porque as convicções e verdades existenciais são particulares e porque cada um cuida de ordenar sua vida a seu modo. O trabalho do clínico é penetrar esse universo de combinações únicas, e isso a coleta categorial irá permitir. O clínico vai procurar entender se existem choques na estrutura de pensamento e ajudar o partilhante a superá-los. A estrutura de pensamento é o modo de vida, não é, pois, algo rígido; ao contrário, é móvel e plástico; por isso, pode ser modificada. Ela própria pode sofrer contínuos reordenamentos, como mostra a autogenia das pessoas. Não há, contudo, um aspecto no qual a colaboração de Ortega possa ajudar mais do que no esclarecimento do conceito de circunstância, categoria fundamental na filosofia clínica. Nossa vida em sociedade se realiza entre um conjunto de aspectos que nos influenciam e exigem uma resposta que supere as dificuldades que nos impeçam de alcançar o que esperamos. Eis o que escrevemos na obra sobre Ortega y Gasset: "Esse é o centro das considerações metafísicas de Ortega y Gasset, a vida se dá na circunstância ou no mundo que, embora seja mais do que a sociedade, a pressupõe" (p. 146). E o que é mesmo a circunstância? É tudo o que nos rodeia, afirma Margarida Amoedo, em sua magnífica tese de doutoramento, intitulada *José Ortega y Gasset – a aventura filosófica da educação*: "desde a realidade cósmica à realidade corpórea e psíquica de cada eu, passando pelo pensamento de nossa época com todas as suas aquisições" (p. 223). Ortega mostra que circunstância faz parte da vida e, quando se pensa o existir sob uma ótica não metafísica, o produto ganha configuração própria. Como a vida se realiza em meio à circunstância, se o homem não modifica o que o impede de realizar-se, ele se perde. E o que isso significa? Resume Julián Marías em seu conhecido livro *Acerca de Ortega*, publicado pela Editora Espasa-Calpe de Madri: "Que me encontro, pois, desde logo, na vida, me encontro vivendo: na vida encontro as coisas e encontro a mim mesmo; isto é, a vida é o primário, é anterior às coisas e a mim, em suma, tanto o eu como as coisas são secundários em relação a ela" (p. 27). Tudo isso que está em órbita de meu eu, isto é, a circunstância, não determina que se falhe na realização de uma vocação, nem assegura que a realize, é o modo como cada um segue seu rumo que leva a uma ou a outra coisa. Isto é entendido na Filosofia Clínica pelo reconhecimento de que há verdades subjetivas e há verdades objetivas cuja origem está a minha volta. As reflexões de Ortega aprofundam e explicam a categoria circunstância, através da qual o filósofo clínico realiza a interpretação ordenada e sistemática da vida do partilhante. É através da coleta dessa categoria que o filósofo clínico encontra as referências para iniciar sua atuação, porque a pessoa conta o que aconteceu com ela e como ela pensa sua condição em cada momento de sua história. Nessa relação com seu entorno, incluídos os estados emocionais, a forma de pensar, os pré-juízos, o tônus vital e as paixões, é que cada um relata sua vida, espera-se que sem saltos temporais. Saltos temporais ocorrem quando o partilhante deixa de contar largos trechos de sua vida, o que ordinariamente acontece quando no período ocultado ocorreram fatos dolorosos.

8. A questão do perspectivismo foi estudada por Sartre no imaginário, por Merleau-Ponty na fenomenologia da percepção. Ortega y Gasset, por sua vez, considera que o sujeito seleciona o que deseja conhecer. Como isso ocorre?

R.: Para Ortega, nós conhecemos não o que sonhamos necessitar, mas o que a vida nos traz. É a vida que impõe as questões e precisamos respondê-las para viver, ou para viver melhor e dar significado ao viver. Este significado é único, temos uma singularidade existencial. A visão orteguiana do problema do conhecimento tem muitas implicações, conforme mostramos no capítulo 4 de nosso livro. Permita-me lembrar o que ali escrevi sobre a perspectiva que integra a questão do conhecimento:

> Perspectiva, para Ortega, não tem o significado consagrado por Kant, isto é, uma espécie de decisão última a favor da entrada do ser no pensamento ou de sua criação por ele, mas é representação dos objetos como se apresentam à vista. Perspectiva é aspecto, parte de um objeto como eu o vejo. Portanto, o conhecimento é uma representação momentânea de um aspecto da realidade.

O filósofo ilustra o que pretende dizer com exemplos, alguns exemplos repetidos de outras partes da sua obra, como a observação das diferentes faces da laranja. Tomemos o da observação de uma parede como ilustração do que ele entende por perspectiva. Quando olhamos a superfície de uma parede, diz o filósofo, a notamos de uma maneira, mas, se voltarmos recorrentemente nosso olhar para ela, novos detalhes aparecem para nós. Digamos que tivéssemos o propósito de descrevê-la usando conceitos elaborados nas repetidas vezes que a contemplamos. Em cada oportunidade formularíamos conceito diverso, porque em cada ocasião um novo aspecto, um novo detalhe, precisaria ser incorporado. Assim como ocorre com a parede, ocorre também com qualquer objeto por nós examinado, nós nunca o vemos integralmente, apenas tratamos aspectos ou perspectivas dele (p. 278/279).

No caso deste objeto estar no passado e voltarmos a ele, sempre voltaremos de modo diferente porque novas experiências nos fazem um pouco diferentes do que éramos no momento das retroações anteriores. Ortega y Gasset destaca o papel da circunstância na relação com o eu. A perspectiva na compreensão de Ortega não é um ponto abstrato, nem nasce apenas no mergulho ao interior do eu, ou ensimesmamento. Perspectiva pede a compreensão do que está à volta do eu. A circunstância não me abandona quando penso ou vejo o que se passa a minha volta. A questão da circunstância é essencial para se falar em perspectiva.

9. A epistemologia em Ortega y Gasset conduz a uma postura, ao "raciovitalismo". Quando o filósofo aponta que a concepção do mundo estaria baseada em dois extremos, constituídos por vida e razão, o entendimento ganha extensões abrangentes. O senhor pode exemplificar o raciovitalismo neste âmbito?

R.: Em seu propósito metafísico Ortega y Gasset espera superar o idealismo e o realismo. Como Ortega pensa fazer esta superação? Já apresentamos as duas grandes perspectivas pelas quais o problema da realidade foi abordado na tradição filosófica. Igualmente indicamos como o problema da vida se insere nesta questão. Vejamos, agora, como Ortega aprofunda a problemática, como explica o que é, para ele, a realidade radical. Ele examina a história da cultura ocidental de forma singular. Ao dialogar com o universo grego, mostra como ali prevaleceu a ótica realista. O realismo, conforme observa Julián Marías em sua clássica *História da filosofia*: "mais do que uma tese é uma atitude. Nela se supõe que a verdadeira realidade são as coisas, e o ser real quer dizer ser por si, independente de mim" (p. 424). Daí ele pôde ser abstraído, por uma razão dialética que ascende de conhecimentos iniciados do contato sensível com as coisas, para outras formas mais afastadas dele. Nos tempos modernos, com o surgimento do idealismo subjetivista proposto por René Descartes, ficou a consciência responsável pelo real, mesmo quando tinha por base o fenômeno. O mundo das coisas materiais era uma realidade própria diferente da razão. O idealismo tomou a consciência como coisa; ainda quando a interpretou como atividade, acabou supondo que a realidade nascia do espírito. O idealismo afirma que o que sei das coisas depende de estar presente nelas, mas não está correto quando postula a independência do sujeito. Ambas as óticas, no sentir de Ortega y Gasset, falharam no esclarecimento do que a realidade primária é, embora ambas estivessem parcialmente corretas. Podemos entender então o propósito de Ortega: promover uma superação do idealismo moderno sem cair nos erros encontrados no realismo antigo. Em síntese, a filosofia tem por desafio esclarecer os problemas relativos à presença humana no universo. Na meditação contemporânea, este desafio aparece como superação do idealismo e do realismo. O pensamento faz parte do eu e o mundo exterior existe devido a ele. O resultado é que existe um eu situado no mundo, eu e o mundo exterior que são inseparáveis um do outro. O eu coexiste com o mundo, o que quer dizer que o mundo não se separa do eu por causa de minha vida. Ela é a realidade radical que a filosofia tem de esclarecer em nosso tempo. Fora da vida nada há. A razão ajuda a esclarecê-la, ela a enriquece desvelando suas possibilidades. Uma vida não será humana se renunciar ao uso da razão, se deixar de lado a possibilidade de pensar. Vida não é só a do indivíduo, mas a de toda a comunidade dos homens, cujo conjunto é o que denominamos humanidade. Vistos assim, vida e razão são aspectos do homem que se completam. Não se quer falar de uma vida que flui e cujos impulsos governam o existir. Também não se quer falar de um pensamento desconectado das exigências da vida. Mesmo quando se pensa, é a vida a origem das questões. Uma pessoa pode ser mais atenta às explicações racionais, outra mais impressionada com os sentimentos e estímulos produzidos no interior do corpo, mas, como possibilidade humana, as duas vias estão próximas.

Referência da obra

CARVALHO, José Maurício de. *Introdução à Filosofia da Razão Vital de Ortega y Gasset.* Londrina: CEFIL, 2002.

Outras obras do autor

As ideias filosóficas e políticas de Tancredo Neves (1994)

Caminhos da moral moderna (1995)

Situação e perspectiva da pesquisa da filosofia brasileira (1996)

A ideia de filosofia em Delfim Santos (1996)

Mauá e a ética saint-simoniana (1997)

Contribuição contemporânea à história da filosofia brasileira (2ª ed. 1999 e 3ª ed. 2001).

O homem e a filosofia – Pequenas meditações sobre a existência e a cultura (1998 – 2ª ed. 2007)

Antologia do culturalismo brasileiro – Um século de filosofia (1998)

A filosofia da cultura, Delfim Santos e o pensamento contemporâneo (1999)

A vida é um mistério (1999)

Curso de introdução à história da filosofia brasileira (2000)

História da filosofia e tradições culturais (2001)

Introdução à filosofia da razão vital de Ortega y Gasset (2002)

Filosofia Clínica – Estudos de fundamentação (2005)

Filosofia e Psicologia – O pensamento fenomenológico-existencial de Karl Jaspers (2006)

Estudos de filosofia clínica – Uma abordagem fenomenológica (2008)

Ética (2010)

Miguel Reale: Ética e Filosofia do Direito (2011)

Impressão e acabamento
GRÁFICA E EDITORA SANTUÁRIO
Em Sistema CTcP
Rua Pe. Claro Monteiro, 342
Fone 012 3104-2000 / Fax 012 3104-2036
12570-000 Aparecida-SP